모바일 이노베이션

미래 비즈니스 키워드

모바일 이노베이션

김지현 지음

21세기북스

모바일 혁명이
가져다준
비즈니스의 새로운 기회

동물과 달리 인간은 도구를 사용할 수 있기 때문에 인류 문명을 발전시킬 수 있었다. 바퀴가 달린 수레의 발명과 기관차, 전구, 전기 그리고 자동차와 신문, 라디오, TV의 발명 이후 PC와 인터넷의 등장은 산업혁명 이후 최대, 최고의 혁신을 가져왔다. 그리고 그것이 채 끝나기 전에 또 다른 혁신이 시작되고 있다. 바로 모바일 혁명이다.

전화기가 선에서 해방됨으로써 휴대폰 시대가 열렸다. 단지 선 하나가 사라졌을 뿐인데 휴대폰은 우리의 라이프 스타일은 물론 비즈니스와 산업 전반에 커다란 변화를 일으켰다. 그리고 PC에 초고속 인터넷이 연결된 것과 같이 휴대폰에 인터넷이 연결됨으로써 또 다른 세상이 열리게 되었다.

초고속 인터넷이 무선 인터넷으로 바뀐 모바일 세상은 기존 PC 기반의 인터넷 세상보다 우리의 삶을 더 크게 바꾸어 놓을 것이다.

그 이유는 PC보다 휴대폰이 더 많이 보급되었고, 초고속 인터넷보다 무선 인터넷이 접근성과 사용성이 높기 때문이다. 국내에 보급된 PC는 불과 2,500만 대에 불과하지만 휴대폰은 5,000만 대가 보급되었다. 숫자상으로 보면 PC보다 2배 더 많다. 게다가 PC는 들고 다니지 않지만 우리 모두의 손에는 항상 휴대폰이 들려있다. 심지어는 잠자리에 들 때에도 머리맡에 휴대폰을 둔다. 휴대폰은 우리 몸의 일부일 정도로 대중적인 기기이다. 그런 만큼 스마트폰 기반의 무선 인터넷은 PC 기반의 인터넷보다 우리의 삶 전반에 끼치는 영향이 더 클 수밖에 없다.

컴퓨터 기반의 WWW가 본격적으로 보급된 이래 10여 년이 흘렀다. 이제 WWW가 없는 삶을 생각하기 어렵다. 궁금한 것이 있으면 검색창에 찾고 싶은 정보를 입력하는 것이 자연스럽다. 신문에서 뉴스를 보는 것이 아니라 다음이나 네이버에서 뉴스를 보는 것이 익숙하다. 회사 업무나 학교 리포트를 쓰기 위해 컴퓨터와 인터넷을 이용하는 것이 필수적이다. 앞으로 10년 후 아니 5년 후 우리 삶에 스마트폰과 모바일 인터넷이 차지할 비중과 역할은 PC와 WWW가 차지하는 것보다 더 클 것임은 자명하다.

이미 미래는 예견되어 있다. 미래를 어떻게 준비하고 대응하느냐에 따라 훗날 우리의 위치와 성공이 결정된다. 한국은 IT 강국이라 불리면서 2000년대 초 웹 서비스와 비즈니스에 있어서 상당한 성과를 보이며 세계를 놀라게 했다. 다음 카페의 성공과 네이버 지식인의 독특한 서비스, 세이클럽의 아바타 유료화, 싸이월드의 도토리 같은 비즈니스 모델은 세계가 한국 IT를 주목하게 만들었다. 이러한 한국의 성공적인 웹 산업은 1998년에 정부 주도로 투자한 초고속 인터넷 인프라와 저렴한 무제한의 인터넷 요금제에서 기인한다. 미래에 대한 준비를 탄탄히 했기에 한국 IT의 꽃을 피울 수 있었던 것이다.

하지만 한국의 모바일은 IT 강국이라 불리는 한국의 모습과 비교하면 초라하기만 하다. 2007년에 출시된 아이폰이 2009년 11월에서야 한국에 출시되면서 한국의 모바일이 뜨거운 감자가 되었다. 이미 2007년에 세계적으로 유례없는 3G 인프라를 전국 서비스로 제공했음에도 불구하고 한국 모바일의 초라한 성적을 거두었다. 이는 스마트폰이라는 미래 시장에 대한 준비를 철저히 하지 않았기 때문이다. 하지만 한국의 모바일은 빠른 속도로 성장하고 있다. 2009년 말 1퍼센트에 불과했던 스마트폰 시장 점유율이 2010년 중순에는 6배로 성장했으며, 말에는 12퍼센트가 넘을 것으로 예상되고 있다. 2011년에는 약 30퍼센트 이상으로 시장이 크게 확대될 것으로 예상된다. 시장이 활성화되면 그에 맞춰 관련 산업과 비즈니스, 마케팅의 기회도 커지기 마련이다.

이 책에서는 한국의 모바일 시장이 급성장하는 와중에 어떠한 비즈니스의 기회와 마케팅의 가능성이 있는지를 기술했다. 특히 사용자의 체험과 사용 관점에서 모바일이 우리 삶과 사회, 경제 그리고 산업에 끼치는 영향과 가치도 서술했다. 또한 한국의 특수성을 감안해 모바일이 한국 시장에 어떤 의미와 가치가 있을지에 대해서도 정리했다.

한국 모바일 서비스와 산업이 세계 시장에서도 경쟁력을 갖출 수 있을 만큼 성장하고 국내 산업의 동반 성장에 기여할 수 있기를 바란다. 오늘도 한국 모바일 시장의 활성화와 한국 사용자의 입맛에 맞는 서비스를 개발하는데 열정을 불사르고 있는 다음의 모바일 관련 담당자들과 한국 모바일 산업의 역군들을 위해 이 책을 바친다.

김지현
oojoo@daum.net
http://twitter.com/oojoo
http://oojoo.co.kr

차례

서문_모바일 혁명이 가져다준 비즈니스의 새로운 기회 · 4
부록_QR 코드 사용법 · 10

I. 세계에 불어닥친 모바일 쓰나미

01 TV, PC에서 모바일로의 플랫폼 변화
플랫폼의 정의와 구성요소 · 16   PC통신 플랫폼에서 WWW 플랫폼으로의 변화 · 18
모바일 플랫폼과 WWW · 22

02 통신사 주도의 권력을 해체한 에코 시스템
월드 가든의 이동통신 비즈니스 모델 · 28   아이폰 에코 시스템의 비밀 · 35
구글 안드로이드의 에코 시스템 · 41

03 제조사, 통신사, 서비스사, 미디어사의 무한경쟁
수평적 경쟁구도의 PC 플랫폼 · 48   수직통합적인 플랫폼 경쟁의 모바일 시장 · 53
포털, 통신사의 경쟁력이 해체되는 비즈니스 모델 · 58

04 혁신에 의한 시장의 변화
기술의 변화와 트랜드 · 63   제3의 혁신을 가져올 태블릿 · 68
스마트 TV가 가져다줄 과거의 기억 · 77

II. 갈라파고스 군도로 고립된 한국 모바일

05 우물 안 개구리가 된 한국 모바일 시장
아이폰의 늦은 한국 진출 배경 · 86   플랫폼의 주도권을 잃은 한국 시장 · 92
갈라파고스 군도로 전락한 일본의 변화 · 97

06 희망을 보여주는 작은 변화들
한국 모바일의 SWOT 분석 · 103   신토불이 한국 모바일의 자존심 · 111

07 한국 모바일 시장의 기회와 전망
한국 스마트폰 시장의 성장 전망 · 120   피처폰 시장에 거는 기대 · 128

Ⅲ. 모바일 핵심 킬러앱의 가치

08 모바일이 주는 가치와 비전
시간 비즈니스 측면에서의 가치 · 136 미디어 측면에서의 모바일 · 142
사용자 관점에서의 모바일 · 146

09 모바일 시장 정복을 위한 플랫폼 장악
콘텐츠 유통 플랫폼으로써의 모바일 · 152 서비스 플랫폼으로써의 모바일 · 159
광고 플랫폼으로써의 모바일 · 165

10 모바일 킬러앱의 조건과 특징
웹 킬러앱의 변천사와 가치 · 172 모바일 킬러앱의 특징과 사례 · 176

11 모바일 서비스 전략의 포인트
모바일 전략을 위한 기본 이해 · 185 모바일 웹 vs 어플의 선택 · 191
목표와 대상 그리고 목적의 명시화 · 197

Ⅳ. 모바일 비즈니스 전망과 테크놀로지

12 모바일 비즈니스의 가치와 종류
이동통신사 독식의 피처폰 모바일 시장 · 204 다양한 스마트폰의 비즈니스 모델 · 209
독특한 모바일 비즈니스 사례 · 216

13 모바일 비즈니스의 현황과 전망
2천억의 모바일 광고 시장 · 226 수조 원의 시장이 될 스마트폰 시장 · 232

14 혁신적인 모바일 테크놀로지와 서비스
스마트폰으로 바라본 세상 · 238 Page에서 People의 시대로, 그리고 Point · 246

모바일 이노베이션 200% 활용하기!

QR 코드 사용법

본 책에는 약 70여 개의 QR 코드가 삽입되어 있습니다. QR 코드는 스마트폰의 QR 코드 리더기를 이용해서 읽을 수 있습니다. 각 QR 코드에는 본문에 수록되지 못한 추가적인 정보나 관련 자료, 동영상 등이 제공됩니다. 또한 해당 페이지에 대해 궁금한 점이나 토론의 주제가 있을 시에는 QR 코드의 아래에 댓글을 남겨주시기 바랍니다. 지금부터 QR 코드의 자세한 사용법을 안내합니다.

> ● **QR 코드 리더기 설치법**
>
> 아이폰, 안드로이드 탑재폰의 어플 다운로드 서비스(앱스토어, 안드로이드 마켓 등)에서 '다음' 또는 'QrooQroo'를 검색해서 앱을 설치합니다. 이들 앱을 이용하면 책에 수록된 QR 코드를 읽을 수 있습니다.

❶ 다음 앱을 설치한 후 실행하면 아래에 'Daum 코드'라는 메뉴가 나타납니다. 이 메뉴를 누르면 QR 코드를 읽을 수 있습니다.

❷ QrooQroo를 실행한 후 'QRcode Scan'을 누르면 QR 코드를 읽을 수 있습니다.

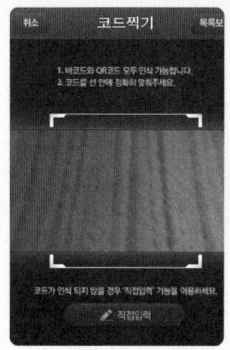

❸ QR 코드 리더기가 실행되면 책에 수록된 정사각형의 QR 코드를 리더기의 네모 박스에 보여지도록 합니다. 그러면 자동으로 QR 코드에 수록된 정보를 읽을 수 있습니다. 스마트폰이 없거나 QR 코드 리더기를 사용하기 어렵다면, 각 QR 코드 밑에 표기된 URL을 PC 웹 브라우저에 직접 입력해서 볼 수도 있습니다.

● QR 코드에 수록된 정보 읽기

QR 코드에는 다양한 정보가 수록되어 있습니다. 책에 수록하기 어려운 동영상과 컬러풀한 이미지 그리고 각종 참고 자료가 제공됩니다. 최신의 데이터로 계속 변경되고 있으므로 책을 구매하신 분들은 QR 코드를 통해 해당 페이지에서 수록된 것들의 추가적인 정보를 얻을 수 있습니다.

❶ QR 코드에 들어가면 'URL'에 해당 QR 코드에 수록된 정보가 연결되어 있습니다. 기사 내용이 마음에 든다면 왼쪽 아래의 있는 엄지손가락을 눌러 추천해 주시기 바랍니다. 또한 '댓글'을 이용해서 해당 기사에 대한 궁금증이나 질문을 등록하거나 토론하고 싶은 내용을 올리셔도 됩니다. 다른 독자들이 올린 댓글도 읽을 수 있습니다. 중간에 있는 ┗ 아이콘과 ❀ 아이콘은 트위터와 다음의 요즘에 해당 QR 코드를 공유할 수 있도록 해줍니다.

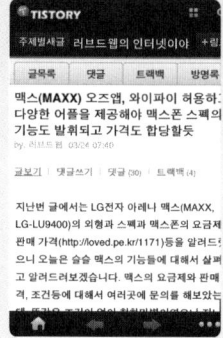

❷ URL을 누르면 자세한 정보를 볼 수 있습니다.

❸ 일부 QR 코드는 URL이 아닌 이미지가 포함된 경우도 있습니다. 약 70여 개의 QR 코드는 최신 정보가 계속 추가되므로 URL만 입력된 QR 코드에 이미지가 추가될 수 있습니다. 이미지를 터치하면 좀 더 큰 화면에서 볼 수 있습니다.

❹ 일부 QR 코드에는 동영상이 제공되기도 합니다. 이들 동영상은 스마트폰에서 바로 볼 수 있습니다. 책에서 보기 어려운 동영상을 볼 수도 있습니다.

❺ 이렇게 스마트폰으로 본 QR 코드 목록은 '목록보기' 메뉴를 이용해서 기존에 확인한 QR 코드 내역을 확인할 수 있습니다.

❻ QR 코드를 이용해서 독자 여러분의 책에 대한 의견과 생각 그리고 질문을 듣고 싶습니다. 책의 전반적인 질문은 아래 QR 코드의 댓글을 이용해 주시기 바랍니다.

세계에 불어닥친
모바일 쓰나미

2007년 애플이 아이폰을 출시할 때, 컴퓨터를 만들던 기업이 휴대폰을 만들었다는 사실에 많은 전문가들이 콧방귀를 끼었다. 아이폰은 그저 얼리어답터나 애플 마니아들만이 열광하는 제품일 뿐이었다. 하지만 1년 후 아이폰 3G가 출시되면서 세계적으로 아이폰 열풍이 불기 시작했다. 2009년 11월 한국 시장에 모습을 선보인 아이폰은 출시 4개월 만에 50만 대라는 판매고를 올리며 휴대폰 강국 한국을 빠르게 변화시키고 있다.

01

TV, PC에서 모바일로의 플랫폼 변화

1980년대가 TV 중심의 매스미디어 시대였다면 1990년대는 PC통신 기반의 온라인 시대, 2000년대는 PC 중심의 인터넷 시대라고 평가할 수 있다. 이제 2010년은 모바일의 시대로 패러다임이 변화되고 있다. 이렇게 패러다임이 변화되고 있는 플랫폼의 변화상에 대해서 알아보고자 한다.

플랫폼의 정의와 구성요소

플랫폼(platform)이란 '정거장'을 뜻한다. 정거장에는 승객과 열차가 있기 마련이다. 승객은 정거장에서 저마다의 목적지를 위해 열차를 기다린다. 열차는 정거장을 거점 삼아 승객들을 실어 나른다. IT 플랫폼도 마찬가지로 플랫폼을 통해 사용자들과 만난다. 정거장은 아무 곳에나 만들어지지 않는다. 교통의 중심지에 정거장이 위치해야 정거장 본연의 역할을 제대로 할 수 있는 것처럼 IT 플랫폼 역시 사용자들이 많이 모여야 제대로 작동할 수 있다.

IT 플랫폼이 제 역할을 하고 큰 규모로 성장하기 위해서는 사람들이 들끓어야 하고 사람이 많기 위해서는 플랫폼이 표준화되고 탄탄해서 다양한 콘텐츠와 서비스가 구성되어야 한다. 표준이 다른 정거장은 정차할 수 있는 열차가 제한적일 수밖에 없고, 결국 승객이 줄어들게 된다. 플랫폼은 모든 열차를 수용할 수 있도록 표준화되어야 한다. 그래야 네트워크 효과에 의해서 더 많은 사용자와 열차가 만날 수 있기 마련이다.

그렇다면 IT 플랫폼의 구성은 어떻게 이루어질까. 플랫폼은 크게 하드웨어, 소프트웨어, 네트워크 세 가지로 구성된다. TV 플랫폼을 예로 들자면, 하드웨어는 텔레비전 수상기이며 소프트웨어는 TV에 설치된 임베디드 OS이다. 우리가 사용하는 TV에는 컴퓨터의 윈도우와 같은 운영 체제가 내장되어 있다. TV의 용도가 방송을 수신해서 보여주는 기능만 수행할 뿐 운영 체제의 역할이 지극히 제한적이기 때문에 간단하게 구성되어 있다. 이런 운영 체제 덕분에 우리는 리모콘을 이용해 TV를 쉽게 조작할 수 있다. TV 플랫폼의 네트워크는 전파이다. TV 수상기는 안테나를 통해서 방송국 기지국에서 송출하는 전파를 수신해 방송이 보여진다. 최근 케이블 TV는 전파가 아닌 케이블망을 통해서 유선으로 방송이 송신되는 방식으로 네트워크가 구성되어 있다.

그림 01-01
TV 플랫폼의 구성요소

 INSIGHT _ 플랫폼에 담긴 콘텐츠

플랫폼은 일종의 그릇과 같다. 플랫폼이라는 그릇에 담긴 음식물은 일종의 콘텐츠(또는 서비스)이다. 스테이크나 샐러드는 접시에 담고 밥과 국은 공기에 담는 것처럼 콘텐츠나 서비스의 속성과 특징에 따라 플랫폼이 달라진다. 음식점의 가치는 예쁜 그릇에 있는 것이 아니라 맛있는 음식에 있는 것처럼 플랫폼보다 더 중요한 것은 그 플랫폼에 담기는 콘텐츠이다.

PC통신 플랫폼에서 WWW 플랫폼으로의 변화

1990년대를 지배하던 PC통신 플랫폼은 1998년부터 보급되기 시작한 WWW 플랫폼으로 인해 사라졌다. 당시 PC통신 플랫폼은 어떻게 구성되었을까? 플랫폼의 3대 구성요소인 하드웨어, 소프트웨어, 네트워크로 볼 때 PC통신은 386컴퓨터와 도스, 다이얼업 모뎀으로 구성되었다. 1990년대 초부터 불어 닥친 한국의 PC 열풍은 AT, XT, 386, 486 등으로 이어지면서 고성능의 인텔 CPU가 PC 시장을 주도했다. IBM 호환 PC라 불리는 컴퓨터에는 MS의 도스라는 운영 체제가 널리 이용되었다. 이와 함께 14.4Kbps의 속도로 온라인에 연결되는 모뎀이 네트워크 장비로 사용되었다. CPU가 빠르게 업그레이드 된 것처럼 모뎀 역시 14.4Kbps에서 56Kbps로 좀 더 빠른 제품이 등장하며 시장의 성장을 견인했다.

PC통신 플랫폼의 성장

PC통신 플랫폼이 형성되면서 KT의 하이텔, 데이콤의 천리안, 나우콤의 나우누리 서비스가 제공되었다. 그 외에도 사설 BBS 등이 구축되어 사용자들이 자발적으로 만든 서비스들이 운영되기도 했다. 이러한 서비스를 이용하기 위해 필요한 하드웨어, 소프트웨어, 네트워크는 좀 더 빠른 퍼포먼스를 위해 지속적인 개선이 이루어졌다. 사용자들은 빠른 속도로 PC통신을 사용하기 위해 보다 빠른 속도의 컴퓨터와 모뎀을 그리고 최신 버전의 도스를 이용하기 위해 PC를 매년 업그레이드했다. 또 빠른 속도로 PC통신을 사용하기 위해서 모뎀 이외에 CO-LAN, ISDN, TT선, Direct PC 등의 다양한 네트워크 기술이 등장하기도 했다.

와해성 혁신의 WWW

1998년 WWW가 보급되면서 PC통신은 자취를 감추어 버렸다. WWW는 PC통신보다 월등히 뛰어난 와해성 혁신, 파괴적 혁신의

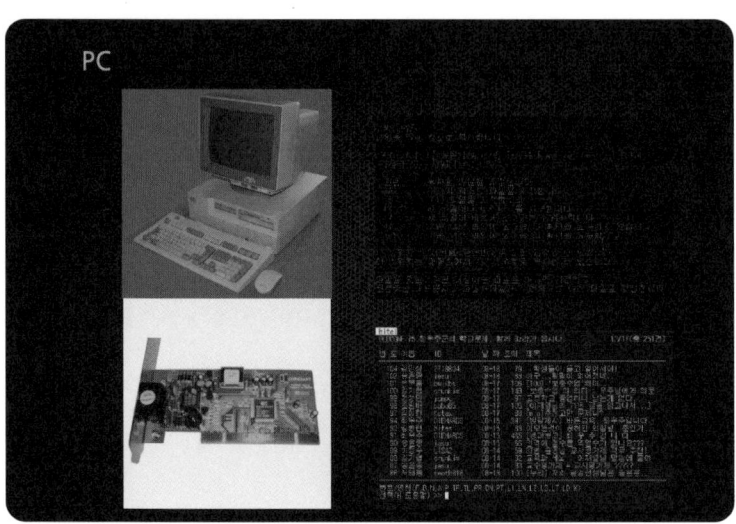

그림 01-02
PC통신 플랫폼의 구성요소

바람을 몰고 왔기 때문이다. 1998년 펜티엄 MMX라는 인텔의 멀티미디어 기능이 강화된 CPU와 함께 윈도우 98이 출시되었다. 윈도우 98은 그래픽 유저 인터페이스 기반으로, 기존의 도스와 달리 그래픽 기반으로 화면이 구성되는 편리한 운영 체제이다. 그렇기 때문에 도스보다 강력한 컴퓨팅 파워를 필요로 했고, 펜티엄 MMX는 윈도우와 궁합이 맞는 CPU였다. 이러한 분위기 속에서 하드웨어와 소프트웨어가 커다란 변화를 맞이했고, 한국에서는 두루넷의 케이블 모뎀이 런칭 되었다. 케이블 모뎀은 56Kbps의 PC통신 속도보다 40배나 빨랐고, 월 3여만 원만 지불하면 하루 종일 인터넷을 할 수 있었다. PC통신 플랫폼을 구성하던 386, 도스, 모뎀에서 펜티엄 MMX, 윈도우98, 케이블 모뎀으로 바뀌면서 WWW라는 플랫폼이 탄생하게 된 것이다.

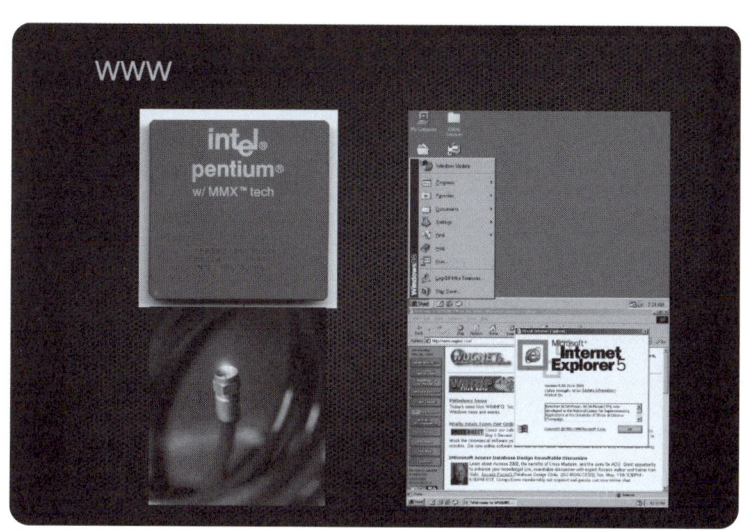

그림 01-03
WWW 플랫폼의 구성요소

플랫폼으로 인한 패러다임의 변화

플랫폼의 변화는 새로운 패러다임의 변화를 불러일으켰다. 텍스트 중심으로 구성되던 PC통신 서비스가 이미지와 오디오가 포함된 멀티미디어 중심으로 바뀌게 된 것이다. 또한 거대 기업인 KT, 데이콤 등이 지배하고 있던 플랫폼 시장을 다음과 네이버, 옥션 등의 작은 벤처 기업이 지배할 수 있는 기회를 만들어주었다. 특히 게임의 법칙이 바뀌었다. 사용자들은 PC통신 서비스를 사용하기 위해 하이텔, 천리안, 나우누리에 월 1~2만 원의 비용을 지불했지만, WWW 서비스가 나오면서부터는 별도로 돈을 지불할 필요가 없어졌다. 유료로 제공되던 서비스 사용료가 플랫폼의 변화와 함께 무료로 바뀌어 버린 것이다. WWW는 양면 시장(Two-sided markets)의 특성을 가지고 사용자에게는 무료로, 광고주에게 돈을 받는 새로운 법칙을 만들어 냈다. 물론 그 법칙을 거부하던 PC통신사는 자취를 감추고 말았다.

INSIGHT_양면 시장의 비즈니스 모델

양면 시장은 단일 혹은 복수의 플랫폼에서 판매자와 구매자 사이의 거래를 통해 양측 모두에 적절한 비용을 부과하여 수익을 내는 시장을 일컫는다. 이러한 시장에서 성공하기 위해서는 보다 많은 판매자와 구매자를 확보해야 한다. 즉, 양면 시장에서는 네트워크 효과가 적용되기 때문에 플랫폼을 지배하는 사업자만 살아남는다. 승자가 모든 것을 가지는 WTA (Winner Takes All)시장인 것이다.

양면 시장의 플랫폼을 지배하기 위해서는 양쪽 고객을 어떻게 정의하고 대처할 것인지 판단해야 한다. 양쪽 고객이 서로 거래하도록 할지, 거래 시에 과금을 양쪽 모두에게 내도록 할지 등을 정해야 한다. 또한 고객들을 경쟁 플랫폼에 빼앗기지 않기 위한 장치를 어떻게 할 것인지도 고려해야 한다. 상황에 따라 플랫폼을 독점하는 것이 아니라 다른 플랫폼 혹은 사업자와 공생 관계가 되어야 한다. 이러한 판단에 따라 플랫폼의 성공이 결정된다.

모바일 플랫폼과 WWW

플랫폼을 바꾸기 위해서는 기존 플랫폼의 기술적 제약을 뛰어넘는 와해성 혁신이 필요하다. 그러한 혁신은 플랫폼을 구성하는 하드웨어, 소프트웨어, 네트워크 세 가지 구성요소가 모두 바뀌어야 한다. 세 가지의 구성요소가 바뀌면 플랫폼이 변화되고 이는 새로운 패러다임의 전환을 가져온다.

PC통신에서 WWW로 플랫폼이 바뀌었을 때처럼 모바일 역시 그러한 징조가 보이고 있다. 모바일 플랫폼을 구성하는 세 가지의 구성요소가 모두 바뀌고 있기 때문이다.

모바일 플랫폼의 세 가지 구성요소

모바일 플랫폼의 하드웨어는 스마트폰이다. 과거에 우리가 사용하던 휴대폰은 피처폰이라고 부르는데 전화 통화와 MP3 재생, 카메라 촬영 등의 제조사가 제공한 용도로만 그 기능을 사용할 수 있다. 하지만 스마트폰은 사용자가 필요로 하는 기능이 있으면 새로운 어플리케이션을 설치해서 사용할 수 있다. 마치 컴퓨터가 워드프로세서, 오디오, TV, 게임 등의 다양한 용도로 확장하며 사용할 수 있는 것과 같다.

스마트폰의 소프트웨어는 스마트폰에 탑재되는 운영 체제이다. 피처폰에서야 어떤 운영 체제가 설치되었는지 사용자에게는 별로 중요하지 않았다. 그저 삼성전자에서 출시한 애니콜이면 되고, LG전자의 싸이언이면 될 뿐이었다. 하지만 PC에서 윈도우냐, 맥 OS냐가 중요했던 것처럼 스마트폰에 탑재된 운영체제가 무엇이냐가 중요해졌다. 어떤 소프트웨어가 탑재되었느냐에 따라 사용이 가능한 앱(어플리케이션)이 달라지고, 폰의 작동법도 달라지기 때문이다.

마지막으로 모바일 플랫폼의 네트워크는 무선이다. 기존 WWW가 유선 초고속 인터넷이었다면 모바일의 네트워크는 와이파이, 3G(HSDPA), EVDO Rev.(LGT) 그리고 와이브로이다. 무선으로 인터넷에 연결할 수 있는 수단이 다양하며 스마트폰에는 와이파이와 3G가 일반적으로 사용되고 있다. 무선 네트워크는 유선 초고속 인터넷에 비해 속도는 느리지만 작은 화면의 스마트폰에서 인터넷을 즐기는데는 큰 무리가 없다.

그림 01-04
모바일 플랫폼의 구성요소

WWW의 보완재로써의 모바일

풀터치로 무장한 강력한 성능의 스마트폰과 다양한 종류의 전용 모바일 OS 그리고 무선 인터넷 덕분에 새로운 모바일 플랫폼의 시대가 열렸다. 과거 PC통신이 WWW로 대체된 것처럼 모바일 역시 WWW를 대체할 수 있을까? 모바일 플랫폼을 구성하는 세 가지의 구성요소가 바뀐 만큼 PC 기반의 WWW 시대는 저물게 될까?

WWW를 사용하게 되면서 더 이상 PC통신은 사용할 이유가 없어졌다. 그것은 둘 다 PC 기반의 플랫폼이기 때문이다. 하지만 모바일은 단말기(하드웨어)가 다르다. 스마트폰으로 인하여 PC를 사용하지 않는 것이 아니라, PC가 없는 곳에서 스마트폰을 사용한다는 것이다. 즉, PC를 보완하면서 스마트폰 사용이 늘어가게 된다. 실제 스마트폰을 이용하는 패턴도 출퇴근 시간과 점심시간 그리고 잠자기 바로 전이다. 이때는 PC와 멀어지는 시간이다.

물론 모바일로 인하여 PC의 사용 시간이 다소 줄어들 수는 있다. 하지만 PC통신을 WWW가 대신한 것처럼 모바일이 PC를 대체하지는 못할 것이다. 19인치의 커다란 모니터와 강력한 파워를 가진 컴퓨터로 할 수 있는 것과 3인치의 작은 화면에 제한된 성능과 입력장치를 가진 스마트폰이 할 수 있는 것은 엄연히 다르다. 게다가 스마트폰으로 사용하는 인터넷 서비스 중 상당 부분은 이미 웹에서 제공되는 서비스들이다. 스마트폰을 통해 모바일 서비스를 열심히 사용하는 것은 기존 웹에 도움이 되기도 한다.

이미 웹은 거대한 플랫폼, 에코 시스템(Eco system, 생태계)의 중심

 INSIGHT _ 스마트폰에 설치된 OS

윈도우에 설치할 수 있는 소프트웨어는 맥 OS에는 설치할 수 없다. 서로 호환이 되지 않기 때문이다. 또한 윈도우와 맥 OS에서 동작되는 소프트웨어는 사용성, 디자인 등의 구성이 크게 다르다. 운영 체제의 성능과 특성에 따라 소프트웨어의 구조도 달라지기 때문이다. 스마트폰 OS 역시 스마트폰에 설치되는 앱(어플리케이션)의 사용성과 퍼포먼스에 큰 영향을 준다. 껍데기보다 그 안에 탑재되는 OS가 중요한 이유이다.

아이폰에는 애플의 맥 OS X가 설치되어 있다. 블랙베리에는 RIM OS가 탑재된다. Palm Pre에는 Palm OS, 노키아폰에는 심비안이 설치된다. HTC, 삼성전자, 모토로라 등에서는 구글의 안드로이드 혹은 MS의 윈도우 모바일(윈도우폰으로 OS 이름이 바뀜)이 탑재된다. 똑같은 스마트폰이라 할지라도 그 안에 탑재된 OS가 무엇이냐에 따라 성능과 기능, 사용성이 크게 달라진다. 앞으로 삼성전자의 애니콜이 아니라 삼성전자에서 출시한 안드로이드 탑재폰 혹은 윈도우폰을 인지하게 될 것이고, 소비자는 삼성전자가 아닌 구글이나 애플이란 브랜드를 더 크게 인식하게 될 것이다. 이미 아이폰을 사용하는 사용자들은 KT의 고객이 아닌, 애플의 고객이 되어 버렸다. 그만큼 소프트웨어가 중요한 시대가 되었다.

에 서 있다. 웹은 PC를 넘어 TV와 모바일 등 다양한 플랫폼을 넘나들고 있다. 그런 만큼 당분간 웹을 대체하는 플랫폼이 등장하기는 어려울 것이다. 오히려 웹과 함께 해야만 플랫폼의 가치를 더 확장할 수 있다.

새로운 게임의 법칙이 적용될 모바일

패러다임이 바뀌면 게임의 법칙도 바뀌게 된다. 웹 시장을 지배하고 있던 포털이나 쇼핑몰, 게임 업체보다 개인 개발자나 벤처 기업이 새로운 게임의 법칙을 만들고 시장을 이끌어 갈 가능성이 있다. 작은 기업으로 시작한 다음이나 네이버, 옥션 등에 시장의 주도권을 빼앗긴 대기업처럼 모바일의 시대를 맞아 새로운 법칙을 만들어 내거나, 순응하지 못하면 잊혀지게 될 것이다.

이미 스마트폰에서 동작되는 앱이나 서비스 중에는 웹 시장을 지배하고 있던 기업이 아닌 작은 벤처나 개인 개발자가 개발한 것들이 상당수이다. 국내 아이폰 사용자에게 인기 앱인 서울버스는 고등학교 학생이 개발한 것이다. 한국 앱스토어의 상위 25위에 등록된 앱 중에서 포털이나 대기업이 만든 것은 고작 2~3개에 불과하다.

QR 코드 001
http://goo.gl/xlHR
서울버스 개발자
유주완 학생
인터뷰

새로운 모바일 플랫폼 시대에 게임의 법칙이 어떻게 바뀌게 될지 아직 모른다. 기존의 웹처럼 검색과 인터넷의 관문 역할을 하는 포털 중심으로 승자 독식의 구조가 될지, 개별적인 앱 중심으로 롱테일로 흘러갈지는 지켜봐야 한다. 기존 웹과는 다른 방식의 비즈니스 모델과 경쟁 구도가 생겨날 것이며, 달라진 법칙에 빠르게 적응하는 것만이 도태되는 길이다.

 INSIGHT _ 컨버전스 기기의 확장성

스마트폰의 성공은 PC의 성공과 닮았다. PC가 성공할 수 있었던 이유는 무한한 확장성 덕분이다. 소프트웨어를 설치하면 PC는 다양한 기능을 수행하는 만능 기기가 된다. 스마트폰 역시 앱을 설치하면 다양한 용도로 활용이 가능하다. PC와 스마트폰은 컨버전스 기기이다. 단 하나의 기능만 수행하는 디버전스가 아니라 통합된 기능을 수행하는 컨버전스 기기인 것이다. 특히 스마트폰에는 PC에 없는 다양한 센서(지자기 센서, 근접 센서, 중력 센서 등)와 카메라, 와이파이, 블루투스, GPS 등이 내장되어 있다. 이러한 기능 덕분에 스마트폰은 내비게이션, PMP, MP3P는 물론 게임기, 리모콘 등의 다양한 용도로 활용이 가능하다. 스마트폰은 컨버전스의 총아인 것이다. 스마트폰이 갖는 이러한 확장성 덕분에 다양한 용도로 사용할 수 있다. 아이폰에는 이미 20만 개에 육박하는 앱들이 앱스토어에 등록되었다.

02

통신사 주도의
권력을 해체한
에코 시스템

왜 아이폰이 IT 강국이라 불리는 한국에는 2년 후에야 출시되었던 것일까? 한국의 이동통신사는 왜 아이폰을 빨리 출시하지 못했던 것일까? 그 이유는 스마트폰이 이동통신사가 지배하고 있는 게임의 법칙을 파괴할 수 있기 때문이다. 스마트폰의 시대는 통신사가 더미 파이프(Dummy pipe, 인터넷망만 제공하고 부가가치를 창출하지 못하는 위치)로 전락할 위험을 내포하고 있다.

월드 가든의 이동통신 비즈니스 모델
이동통신 3사의 매출 규모는 연간 40조를 훌쩍 넘는다. 포털과 신문사, 방송사가 연간 7~8조나 되는 광고 시장을 두고 싸우는 것과 비교하면 통신 시장의 규모는 5배 이상 크다. 그러한 통신 시장을 지키기 위해서 섣부른 개방과 변화보다는 안정적인 수성의 전략을 추구한 것이다. 그래서 통신 시장이 급변하는 기술을 따라가지 못한 채 변화가 더딘 것이다.

통신 산업의 특성

통신 시장은 네트워크 효과가 가장 극명하게 적용되는 산업이다. 네트워크 효과에 대한 정의는 위키를 인용하자면, '특정 제품이나 서비스의 효용이 한 개인의 소비에만 영향을 받는 것이 아니라 다른 사용자들의 소비에도 영향을 받는 것'을 의미하며 네트워크 외부성이라고도 한다. 다시 말하면, 구매하는 사람들이 다른 사람들에게 영향을 받게 되는 현상이다. 따라서 그 제품과 서비스를 이용하는 사람이 많을수록 사용가치는 더욱 높아지게 되는 것을 말한다.'이다. 전화를 샀는데 사용자가 100만 명이라면 100만 명끼리만 통화를 할 수 있을 뿐이다. 전화가 없는 사람들하고는 통화가 불가능하다. 즉, 전화를 사용하는 사용자가 많아질수록 전화의 가치는 증대되는 것이다.

통신 시장은 초기 인프라를 투자한 이후에는 비용이 크게 들지 않는다. 사용자가 늘더라도 추가 비용이 발생하지 않는다. 텔레비전이나 냉장고 등을 제조하는 것은 사용자가 늘수록 비용 역시나 함께 늘어나는 구조이다. 하지만 통신 시장은 정부가 인가한 주파수의 사용권을 임대받아 전파를 송수신할 수 있는 기지국을 세우고 네트워크 효과를 기다리면 된다. 통신 시장은 이미 검증된 비즈니스이다 보니 정부의 인

QR 코드 002
http://goo.gl/w31E
네트워크 효과의 가치

가를 받은 기업만이 참여할 수 있다. 그렇기 때문에 통신 사업은 각종 정부 규제와 정책에 갇혀버렸다.

위피로 만든 철옹성의 실패한 모바일 서비스

1998년 두루넷의 케이블 모뎀으로 초고속 인터넷 시장을 연 한국이 무선 인터넷 시장에서 아무런 혁신과 도전을 하지 않았다고 생각하면 오해이다. 2001년부터 한국의 무선 인터넷 활성화를 위해 정부가 나서서 위피라는 표준 플랫폼을 만들었고 법을 통해 의무적으로 휴대폰에 탑재하도록 했다. 그래서 2005년 4월 1일부터 한국에서 판매되는 이동통신 휴대 단말기에는 위피 플랫폼이 의무적으로 탑재되었다. 이동통신 3사가 서로 다른 플랫폼을 사용함으로써 개별적으로 소프트웨어를 개발해야 하는 콘텐츠 사업자들을 위해 하나

그림 02-01
한국만의 플랫폼인 위피

의 플랫폼을 정부가 나서서 만들어준 것이다. 이것은 외산 플랫폼을 이용할 때 지불해야 하는 로열티의 부담도 줄이는 목적을 가지고 있었다.

    이처럼 취지는 훌륭했지만 정작 위피는 성과를 달성하는데 실패했다. 초기 의도와 달리 위피는 J2ME라는 외산 플랫폼과의 유사성으로 인하여 로열티를 지불해야만 했으며, 이통사별로 구현하는 방법의 차이때문에 실제 SKT용으로 개발한 위피 어플을 KT에서는 사용할 수 없었다. 최소한의 추가 개발이 필요하며, 개발에 필요로 하는 이동통신사의 API(안드로이드의 데이터를 인터넷을 통해 누구나 백업할 수 있는 기능)가 완전히 공개되지 않아 이동통신사와 협의없이는 개발하기가 어렵다. 그렇다 보니 반쪽짜리 플랫폼일 수밖에 없었다. 비록 위피로 한국의 무선 인터넷 플랫폼이 통일되어 국내 휴대폰의 약 99퍼센트가 위피가 탑재되는 성과는 얻었지만, 당초의 취지대로 개발사들이 쉽게 어플을 개발할 수 있는 호환성이 담보되지는 못했다.

QR 코드 003
http://goo.gl/kd04
위피 의무화 폐지

    위피 규제는 시간이 흐를수록 약화되었다. 2007년 3월 30일에 무선 인터넷 기능이 없는 휴대폰에는 위피 탑재 규제가 완화되었다. 또한 PDA폰 등은 휴대폰으로 분류되지 않아 위피를 탑재하지 않아도 되었다. 그럼에도 불구하고 이동통신사는 자사의 기존 위피 기반의 서비스와의 호환을 위해서 위피를 고수하는 경우가 많아 PDA폰의 안정성이 결여되었다. 아무래도 해외에서 출시되는 PDA폰은 한국의 위피 플랫폼에 대한 충분한 안정성, 호환성 테스트를 하지 않

INSIGHT _ 호환성과 확장성

도스에서 윈도우로 운영 체제가 바뀌면서 MS의 큰 고민은 호환성이었다. 호환성을 고려하지 않으면 도스에서 사용하는 수많은 소프트웨어들을 윈도우에서는 사용할 수 없기 때문이다. 윈도우 3.1에서 윈도우 95, 윈도우98, 윈도우 비스타 등으로 업그레이드를 하면서 하위 버전과의 호환성이 딜레마였다. 업그레이드를 통해서 확장하게 되면 그만큼 호환성은 희생을 해야 한다. 인텔의 CPU 또한 마찬가지이다. 386, 486, 펜티엄, 펜티엄 Pro 등으로 성능이 업그레이드 될수록 기존 CPU와의 호환성이 중요했다. 하지만 더 나은 성능과 기능으로 확장하기 위해서는 호환성의 일부를 포기할 수밖에 없었다. '새 술은 새 부대에'라는 말처럼 새로운 기술로의 확장을 위해서는 과거 기술과의 호환성은 일부 포기해야 한다.

기존과의 호환성을 지킨다는 것은 일견 좋아보이지만 새로운 도전에 발목을 잡힐 우려가 있다. 호환성을 유지하면서 확장을 어느 정도까지 지향하느냐를 균형있게 판단해 기술의 진화 수준을 결정해야 한다. 그런 면에서 위피에서 벗어나 진화된 기술의 플랫폼으로 완전히 변화해야 하느냐, 기존 위피의 호환성을 고수해야 하느냐에 대한 결정을 언제, 어떤 수준으로 해야 하는지가 한국의 모바일 활성화를 결정하는 중요한 잣대이다.

기 때문에 한국만의 플랫폼인 위피에 대한 지원이 부족했다. 그렇다 보니 오히려 무리하게 위피 플랫폼을 PDA폰에 탑재하면서 휴대폰의 안정성이 떨어지곤 했다. 게다가 더 큰 문제는 해외에서 출시되는 다양한 종류의 스마트폰이 위피 규제와 호환성 등의 문제로 국내에 출시되지 못하는 경우가 발생했다.

이러한 문제들로 인하여 2008년 12월 10일 방송통신위원회의 결정에 따라 위피 탑재 의무화는 폐지되었다. 그리하여 2009년 4월 이후부터 외산 스마트폰들(블랙베리, 아이폰 등)이 국내에 출시될 수 있는 환경이 조성되었다. 위피의 취지는 좋았지만 설익은 기술로 인해 한국에 스마트폰이 보급되는데 걸림돌이 되었을 뿐 아니라 모바일 인터넷의 활성화에 방해가 된 것이다. 특히 한국만의 플랫폼인 위피가 세계 표준과 동떨어져 한국의 시장을 고립하는 폐단을 가져오기까지 했다.

위피 실패의 아쉬움

혁명과 반역을 결정하는 중요한 잣대는 성공의 여부로 결정된다. 위피는 실패한 플랫폼으로 낙인찍혔다고 해도 과언이 아니다. 만일 위피가 성공했다면 다른 평가를 받았을 것이다. 한국 웹 시장의 빠른 성장에 기여한 정부의 전국 초고속 인터넷 정액제처럼 위피 또한 그러한 혁명을 가져다 줄 수도 있었다. 성공의 가능성이 있었음에도 불구하고 실패했던 것은 외부 개발사(Third Party)의 자유롭고 적극적인 참여가 없었기 때문이다.

시장이 활성화되기 위해서는 두 가지의 조건이 필요하다. 첫째는 사용자들의 적극적인 참여이며, 둘째는 개발사들의 적극적인 참여이다. 마치 시장이 활성화되려면 소비자와 판매자가 많아야 하는 것과 같은 이치이다. 위피는 비록 한국의 모든 휴대폰에 탑재는 되었지만 위피를 기반으로 개발된 다양한 서비스가 없었고, 이로 인해 사용자들이 적었기 때문에 결국은 실패한 것이다.

사실 위피가 적극적으로 이동통신사들에게 받아들여지고 기술적으로도 완전하게 호환이 되었더라면 실패로만 끝나지는 않았을 것이다. 사실 유선 시장도 그렇지만 무선 시장 역시 인프라 면에서는 한국이 세계적으로 앞서간 것이 사실이다. 한국은 휴대폰 보급률이 높고 무선 인터넷 속도 역시 세계적인 수준이다. 이러한 인프라의 토대 위에 제대로 된 플랫폼이 있었더라면 역사는 달라졌을 것이다. 위피가 SKT 등에 의해 적극적으로 받아들여져 이동통신 3사가 힘을 합해 단

 INSIGHT _ 통신사의 플랫폼이 갖는 한계

한국에 위피가 열린 플랫폼으로써 뿌리내리지 못하고, 아이폰을 필두로 한 스마트폰이 국내 빠르게 보급되지 못한 이유는 이동통신사의 욕심 때문이다. 기득권을 지키기 위해 이동통신 3사별로 서로 호환되지 않는 벽을 만들어 플랫폼을 가두고 독식하려다 보니 시장이 활성화될 수 없었던 것이다. 사실 이처럼 플랫폼을 독식하고 자신만의 표준을 강조할 수밖에 없었던 것은 과거 초고속 인터넷을 통해 배운 악몽 때문이다.

1998년 초고속 인터넷이 정부 주도로 정액제를 통해 보급되면서 WWW라는 커다란 플랫폼이 열리게 되었다. 그런데 WWW의 부가가치는 포털과 오픈마켓 등의 순수 인터넷 벤처 기업들의 독차지가 되고 말았다. 통신사는 WWW를 사용하는데 필요한 인터넷 망(Pipe)만 제공했을 뿐 거기서 발생하는 막대한 부가가치는 새로운 시장을 만들었던 인터넷 기업에 돌아가고 말았다. 반면 통신사는 월 2~3만 원의 초고속 인터넷 사용료만 가입자에게 받을 뿐 더 이상의 부가가치를 창출할 수 없었던 것이다.

과거에서 플랫폼의 중요성을 깨달은 통신사 입장에서 모바일 시장에서의 부가가치를 독식하고 싶었을 것이다. 그래서 자신만의 플랫폼을 만들어 이를 자사 고객들에게만 제공하려고 했을 뿐 다른 플랫폼과의 호환이나 플랫폼의 개방을 시도하지 않았다.

갇힌 플랫폼은 제대로 성장하지 못했고 부가가치도 발생하지 않았다. 스마트폰이 본격적으로 보급되기 시작한 2009년 11월 전까지만 해도 위피 기반의 한국 모바일 시장은 활성화되지 않았다. 추정하건데 하루 50만 명도 안 되는 사용자들이 휴대폰에서 인터넷을 연결했을 뿐이다. PC 기반의 WWW는 하루 2,000만 명이 넘는 사용자들이 인터넷을 연결한 것과 비교하면 초라한 실적이다. 하지만 아이폰 보급 이후 1년 만에 하루 100만 명이 훨씬 넘는 사용자들이 스마트폰으로 인터넷을 사용하고 있다. 그리고 거기서 발생하는 부가가치는 통신사가 아닌 해당 플랫폼을 주도하는 애플, 구글 등의 해외 기업이 가져가고 이를 외부 개발사와 나누고 있다. 이동통신사는 기존 유선 통신 때처럼 또 다시 실책을 하게 된 것이다.

일 플랫폼으로 표준화를 했더라면 빠르게 모바일 인터넷 시장이 활성화될 수 있었을 것이다. 또한 위피가 진화되면서 세계에 수출할 수 있는 모바일 플랫폼의 위상을 가질 수도 있었을 것이다. 그러한 성공의 징조를 보이기 위해서는 플랫폼이 개방되고 단일화되어야 한다. 하지만 위피는 폐쇄적이었고 이동통신 3사의 미묘한 차이로 인하여 완전히 단일화되지 못하고 실패하고 말았다.

아이폰 에코 시스템의 비밀

거대 이동통신사가 지배하고 있던 통신 시장에 큰 파문을 일으킨 아이폰의 성공 비밀은 무엇일까? 월드 가든(walled garden, 폐쇄적인 망 운영 정책)이라 불리는 꽉 막힌 통신 시장을 어떻게 그 작은 아이폰 하나가 열어 재친 것일까? 그것은 아이폰이 에코 시스템(생태계)을 만들어준 거대 플랫폼이기 때문이다. 기존에 나왔던 PDA폰, 스마트폰과는 달리 아이폰을 도와준 수십만 개의 어플들과 서비스가 있었기 때문이다.

이동통신사를 무너뜨린 매력적인 폰

아이폰 이전의 휴대폰은 이동통신사의 주문을 받아 휴대폰 제조사가 납품하는 방식으로 생산되었다. 그렇다 보니 삼성전자에서 출시된 동일한 휴대폰이라 하더라도 이동통신 3사별로 조금씩 디자인과 사양이 달랐다. 게다가 국가별로 판매되는 같은 제조사의 같은 모델이라도 서로 다른 경우도 허다했다. 하지만

QR 코드 004
http://goo.gl/OAqm
아이폰에 몸을 낮춘 KT의 굴욕

아이폰은 이동통신사의 주문을 받아 생산된 것이 아니다. 이동통신사는 애플에 그 어떤 요구도 할 수 없다. 세계에서 생산되는 아이폰은 모두 동일하다. 폰 어디에도 이동통신사의 로고가 존재하지 않는다.

철저히 슈퍼갑이었던 이동통신사가 왜 애플에는 아이폰에 대한 그 어떠한 요구도 하지 못한 것일까? 아이폰은 정전기 방식의 전면 풀터치 방식으로, 기존에 버튼 방식의 휴대폰과는 전혀 다른 디자인을 보여주었다. 수려한 디자인과 뛰어난 작동방식 그리고 인터넷 서비스를 쉽게 사용할 수 있는 사용성은 어떤 휴대폰도 흉내낼 수 없던 것이었다. 특히 아이폰에서 구동되는 다양한 어플들은 기존과는 차원이 다른 사용성과 감동을 주었다. 성능 좋은 휴대폰이 있어야 이동통신사는 고객을 유혹할 수 있는데 아이폰은 많은 고객을 확보할 수 있도록 해 주었다. 그러니 경쟁사의 고객을 빼앗아 오기 위해서라도 이동통신사는 아이폰을 선택한 것이다. 아이폰과 대적할 수 있는 휴대폰이 있었다면 이동통신사는 애플에 굴복하지 않았을 것이다.

하지만 모든 이동통신사가 아이폰을 선택한 것은 아니다. 아이폰이 출시된 초기만 해도 미국의 시장 점유율 2위인 AT&T라는 이동통신사에 의해서만 독점적으로 출시되었다. 다른 나라에서도 아이폰은 2~3위 사업자에게 제공되었다. 1위 사업자인 버라이즌이 자신의 기득권을 포기한 채 아이폰을 선택할 리 만무하다. 아이폰은 이동통신사가 기존에 가지고 있던 갑으로서의 지위를 포기하고 수용하도록 만들었다. 하지만 아이폰을 선택한 2위 사업자는 이로 인해 1위의 고객을 빼어오고 객단가(고객 1인당 수익, ARPU)를 높일 수 있었다. 아이폰이 주목받게 된 가장 큰 이유는 기존에 경험할 수 없었던 사용자

체험과 수려한 디자인 덕분이다.

아이폰을 뒷받침해 주는 에코 시스템

제조사들은 2010년 초부터 아이폰을 흉내낸 스마트폰들을 출시하고 있다. 3년간의 기술이 이제 어느 정도 따라잡았다 싶을 만큼 스마트폰의 하드웨어 사양은 상향 평준화가 되었다. 2009년까지만 해도 HTC, 삼성전자, 모토로라, 소니에릭슨 등에서 출시된 스마트폰은 아이폰과 비교하면 디자인과 터치감이 부족했다. 하지만 기술은 항상 상향 평준화되기 마련이다. 이처럼 기술적인 큰 차이가 없음에도 불구하고 아이폰이 세계적으로 주목을 받는 이유 중 하나가 아이폰이 보여준 에코 시스템 덕분이다.

에코 시스템은 '대마불사'라는 속담처럼 클수록 무너지기 어렵다. 바다에 커다란 돌멩이를 던진다고 해서 요동이 일어나지 않지만 작은 호수에는 큰 파문이 인다. 만일 돌멩이가 계속 쏟아져 들어가면 호수는 메워질 수도 있다. 하지만 바다는 아무리 많은 돌멩이가 들어가도 바다 생태계에 어떠한 영향도 끼치지 못한다. 아이폰은 이미 큰 규모로 성장한 생태계이다. 규모 면에서 다른 스마트폰이 쉽사리 좇아가기 어려운 상황이다.

스마트폰의 생태계 규모는 우선 단말기의 보급 대수와 비례한다. 2010년까지 전 세계에 판매된 아이폰은 7,000만 대가 훌쩍 넘을 것으로 예상되며 아이팟 터치와 합하면 약 1억 대의 플랫폼이 된 것이다. 무엇보다 중요한 것은 1억 대의 플랫폼이 단일화되었다는 점이다. 즉, 어떤 어플을 만들어도 1억 대의 아이팟 터치, 아이폰에서 동

QR 코드 005
아이폰 판매량 예측

작한다는 점이다. 반면, 안드로이드 탑재폰은 제조사, 제조 모델에 따라 안드로이드 OS가 다르고 화면 크기와 해상도, 하드웨어 스펙이 다르기 때문에 A에서 동작되던 어플이 B에서는 동작되지 않을 수 있다. 마치 위피 플랫폼과 같은 한계를 가지고 있다.

게다가 아이폰에서 동작하는 어플은 약 20만 개에 육박한다. 애플의 앱스토어를 통해서 많은 어플들이 유통되고 있다. 앱스토어에 등록된 어플이 많은 것은 시장에 진열된 상품이 많은 것과 같다. 상품이 많으니 자연

 INSIGHT_촉매 기업의 특징

리처드 슈말렌지 MIT 경영대학원 교수는 『카탈리스트 코드(Catalyst Code)』라는 저서에서 구글, MS, 아마존 등의 기업을 가리켜 촉매 기업이라고 설명했다. 촉매 기업은 서로를 필요로 하는 두 집단을 연결해줌으로써 비즈니스 모델을 만든 기업을 일컫는다. 촉매 기업은 두 집단을 연결시켜주는 플랫폼만 제공할 뿐 물건을 생산하거나, 판매와 유통을 하지 않는다. 이 논문에서 말한 양면 시장(양측 시장)이라는 말 역시 촉매 기업과 유사한 것으로, 판매자와 구매자 사이의 상호 작용(거래)을 하며 양측에 적절한 비용을 부과하는 플랫폼을 말한다. 즉, 양면 시장을 지배하는 플랫폼 사업자를 가리켜 촉매 기업이라고 한다. 앱스토어와 아이튠즈를 통해서 어플과 콘텐츠를 중계하는 애플이 대표적인 촉매 기업이다.

WWW에서의 대표적인 예는 쇼핑 검색이다. (네이버의 지식쇼핑, 다음의 쇼핑하우 등이다.) 이는 촉매 기업, 양면 시장의 전형적인 모델이라 할 수 있다. 쇼핑에서의 전형적인 촉매기업은 이베이, 옥션과 같은 경매 사이트이다. 경매 사이트는 물건을 보관하거나 배송하지도 않고 판매자와 구매자를 중계하는 것만으로 돈을 번다. 경매 사이트는 쇼핑몰처럼 물류 보관이나 운반, 배송 등의 부담을 가질 필요가 없으며 단지 판매자와 구매자가 만날 수 있는 장을 제공함으로써 수익을 얻는다. 그런데 쇼핑 검색은 이보다 더 훌륭한 촉매 수익모델(Business Model)을 갖추고

있다. 대표적인 촉매 기업인 전자상거래 업체(쇼핑몰, 경매, 오픈마켓 등)와 구매자를 이어주는 새로운 장터를 만들어 이곳에서 전자상거래 업체에게 수수료를 받는 수익모델을 갖춘 것이 쇼핑 검색이다.

쇼핑 검색은 쇼핑 정보, 즉 상품에 대한 정보(상품 사양, 가격, 판매처 등)를 검색 범주로 한다. 쇼핑 검색의 기본 데이터는 상품 정보이고 이것은 전자상거래 업체들이 제공한다. 전자상거래 업체들은 쇼핑 검색에 자사에서 판매하는 상품 정보가 보다 많이 노출되어야 구매자의 구매 기회를 더 많이 확보할 수 있기 때문에 적극적으로 상품 정보를 제공한다. 쇼핑 검색 업체는 다양한 상품 정보를 업체들로부터 받고 CPA(Cost Per Action, 클릭에 의해 들어온 유저가 광고주가 원하는 반응을 보일 때만 광고비를 지불하는 방식), CPC(Cost Per Click, 클릭 수에 따라 요금을 부과하는 광고 방식), CPM(Cost Per Millennium, 1,000번 노출에 대해 고정된 광고비를 지불하는 정액제 광고) 기반의 광고 상품으로 전자상거래 업체에 돈을 받는다. 구매자는 좀 더 저렴한 가격에 판매하는 상품 정보를 얻기 위해 전자상거래 사이트 한 곳을 이용하기보다는 쇼핑 검색에서 다양한 쇼핑몰의 상품 정보를 검색하려 한다. 쇼핑 검색은 그 어떤 검색보다 돈이 되는 효자 수익모델이다.

QR 코드 006
http://goo.gl/Zzgw
촉매 기업의 정의

그림 02 – 02
촉매 기업은 두 집단을 연결한다.

히 소비자(사용자)들도 많기 마련이다. 사용자가 많으니 판매자(개발자)들도 더 많은 어플을 앱스토어에 등록한다. 이처럼 사용자와 개발자가 많아지면서 아이폰의 생태계는 더욱 세를 불려가게 되었다.

안전한 사파리 속의 자유

아이폰의 성공에도 불구하고 아이폰에 대한 불편함과 한계를 토로하는 비판의 목소리도 있다. 비판의 핵심은 아이폰 플랫폼이 통제와 제약으로 기존 맥(MAC)과 같다는 점이다. 맥이 IBM 호환 PC와 비교할 때 대중적 보급에 실패한 이유는 통제된 시스템 때문이었다. IBM 호환 PC는 IBM 이외에 수많은 컴퓨터 제조업체에서도 만들 수 있었다. PC에 사용되는 각종 주변 기기 역시 그 어떤 기업에서나 제조가 가능했다. 하지만 맥은 컴퓨터 내부의 설계와 구조를 철저하게 통제하면서 애플만이 맥과 관련 주변 기기를 제조할 수 있도록 했다. IBM 호환 PC는 맥과 비교해 뒤늦게 출시되었지만 세계의 수많은 컴퓨터 제조사들 덕분에 빠르게 보급되었지만 맥은 애플의 통제 때문에 널리 보급되는데 실패했다.

아이폰 역시 맥의 한계를 답습하는 것처럼 보인다. 아이폰 어플을 개발할 때 애플이 제시하는 가이드를 준수해야 한다. 그런데 이 가이드가 제약이 많다 보니 자유로운 어플을 개발하는데 한계가 있다. 기존의 휴대폰과 비교하면 아이폰에서 제공하는 수많은 API들로 인하여 자유롭고 창조적인 어플을 개발할 수 있는 것은 사실이다. 하지만 좀 더 공개 가능한 API와 규제하지 않아도 되는 가이드가 있음에도 불구하고 제약을 두었기에 아이폰을 반쪽짜리 개방이라고 부른다.

　동전에 양면이 있듯이 아이폰의 반쪽짜리 개방은 일관된 사용자 체험과 시스템의 안정성을 위한 것이다. 완전히 자유로운 정글보다 울타리가 있지만 보이지 않는 넓은 사파리가 더 안전한 것과 같다. 만일 아이폰이 완전 개방이 된다면 어플 간의 충돌 때문에 IBM 호환 PC가 잦은 다운으로 불안정한 것과 같은 에러를 유발할 수 있다. 또한 어플마다 통일되지 않은 UI(User Interface)로 인하여 이용자들이 각 어플의 사용에 혼란스러워 할 수 있다. 최소한의 통제로 아이폰이 추구하는 가치를 해치지 않도록 한 것이 애플의 전략이다.

구글 안드로이드의 에코 시스템

기업은 눈덩이와 같아서 사업이 시작되면 멈출 수 없다. 구를수록 눈덩이가 커지듯이 시간이 흐를수록 기업도 역시 비대해진다. 작년보다 올해, 올해보다 내년에 더 큰 수익을 얻어야만 기업이 존속될 수 있다. 그렇다 보니 웹 시장을 지배한 구글도 새로운 산업, 플랫폼에 대한 도전을 멈추지 않았다. PC보다 더 큰 모바일 시장을 놓칠 수 없었을 것이다. 구글의 모바일 시장에 대한 도전은 애플과는 달리 하드웨어 없이 소프트웨어만으로 시작되었다.

소프트웨어만으로 구축한 에코 시스템

개인용 컴퓨터 시장에 뛰어든 맥에 대항해서 IBM이 취한 전략은 아군을 모으는 것이었다. IBM은 IBM에서 만든 PC와 호환되는 PC를 다른 제조업체들이 생산할 수 있도록 플랫폼을 개방했다. 이로 인해

IBM PC의 클론 PC들이 세계에서 쏟아져나오면서 맥을 압도할 수 있었다. IBM 호환 PC가 대중화되면서 그 결실은 CPU를 공급한 인텔과 운영체제를 공급한 MS가 가져갔다. 특히 OS를 공급한 MS는 IBM 호환 PC의 성공으로 인하여 지금의 자리에 있을 수 있었다.

또한 구글이 취한 전략중 하나는 IBM의 것과 유사하다. 단, 모바일 플랫폼의 중요한 축은 소프트웨어를 IBM처럼 MS에 준 것이 아니라 직접 구글이 담당했다. 구글은 안드로이드라는 모바일 전용 OS를 개발해 이를 완전 공개했다. 애플처럼 직접 스마트폰을 제조하지 않고 OS만을 개발해 스마트폰 제조사들이 구글의 OS를 사용할 수 있도록 무상으로 공개한 것이다. 기존의 스마트폰 제조사들이 주로 사용했던 OS는 MS의 윈도우 모바일이었다. 세계적인 휴대폰 제조사인 노키아는 자체 OS를 사용하고 있으며, 블랙베리 역시 RIM이라는 회사에서 자체로 만든 RIM OS를 사용하고 있다. 반면 삼성전자, LG전자 그리고 HTC, 소니에릭슨 등은 윈도우 모바일을 주로 이용했다. 단, 스마트폰 제조사는 MS에 라이센스 비용을 지불하고 제조사 입맛에 맞게 제조했다. 이들에게 공짜로 공개된 안드로이드 OS는 좀 더 저렴하게 스마트폰을 개발하는데 크게 기여하고 있다.

스마트폰 기술이 상향 평준화가 되면 어떤 껍데기를 사용하느냐 보다 그 안에 제공되는 서비스와 콘텐츠가 중요하다. 서비스와 콘텐츠를 구성, 운영하는 것이 바로 플랫폼이다. 플랫폼은 하드웨어보다는 소프트웨어, 즉 OS에 의해 좌우된다. 구글은 바로 그것을 노렸다. 세계의 스마트폰(그리고 각종 디지털 디바이스)에 구글의 안드로이드를 넣어, 스마트폰을 숙주 삼아 모바일 플랫폼을 장악하려는 것이다. 이것이 안드로이드 에코 시스템이다.

 INSIGHT _ 안드로이드의 세 가지 버전

구글의 안드로이드는 오픈 소스를 표방한다. 구글은 안드로이드를 누구나 공짜로 가져다 사용할 수 있도록 했다. 단, 안드로이드는 세 가지의 버전으로 제공된다. 첫째는 오픈 소스를 지향하는 것으로 구글의 허락없이도 가져다 재개발해서 사용이 가능하다. 이렇게 재구성된 안드로이드는 오픈 소스 규약에 따라 역시나 변형된 OS도 오픈되어야 한다. 이러한 경우 구글과 사전 협의나 논의가 필요없다.

둘째는 GED(Google Experience Device)로 구글의 UI를 채택한 버전이다. 이렇게 생산된 단말기에는 구글의 로고가 표기된다. HTC에서 출시된 넥서스원, G1, G2 등의 모델에는 'Powerd by Google' 이라는 문구가 표기되어 있다. GED는 구글의 기술적 지원을 완전하게 받는 계약을 맺었다. 마지막으로 GMS(Google Mobile Service)로 구글의 모바일 서비스(G메일, 캘린더, 피카사, 검색 등)가 탑재되는 수준의 제휴를 말한다. 역시 구글과의 별도 제휴를 맺어야 하며 구글의 서비스가 해당 폰에 탑재되어 제공된다. 이 경우 스마트폰에 별도로 구글을 표기할 필요는 없다. 삼성전자와 대부분의 안드로이드 탑재폰은 GMS 버전이다.

그림 02-03
다양한 종류의 안드로이드 탑재폰과 아이폰의 로고

진정한 자유를 주는 플랫폼

안드로이드는 하드웨어보다는 소프트웨어중심의 철학을 가지고 개발되었다. 또한 웹에서 절대 강자인 구글의 작품이다. 그렇다 보니 아이폰보다 훨씬 더 개방적인 플랫폼이다. 아이폰에서는 접근할 수 없었던 API를 안드로이드에서는 사용할 수 있다. 재료의 종류가 많아지면 좀 더 맛있는 음식을 만들 수 있는 것처럼 좀 더 개방된 API들이 많기 때문에 아이폰에서는 제공되지 못하던 기능도 안드로이드에서는 개발이 가능하다.

안드로이드 OS는 아이폰보다 빠른 속도로 개선이 이루어지고 있으며, 업그레이드의 방향도 좀 더 많은 개방에 초점을 맞추고 있다. 예를 들어, 아이폰에서는 불가능한 와이파이를 이용한 테더링(아이폰의 3G 네트워크를 아이폰을 무선 공유기 삼아 와이파이 핫스팟 지원)이 가능하다. 또한, 플래시의 지원과 백업 API 등이 제공된다. 아이폰에서는 막혀 있던 기능들이 안드로이드에서는 열려있다. 예를 들어, 안드로이드폰은 폰에서 사용한 SMS와 전화 통화 내역 API가 오픈되어 있다. 반면 아이폰은 이러한 내역이 오픈되지 않아 어플에서 이 내역을 사용할 수 없다. 그 외에도 안드로이드 2.2인 Proyo에서는 플래시를 설치하면 웹 브라우저를 이용해 플래시를 사용하는 것이 가능하다. 웹 브라우저처럼 스마트폰의 브라우저에도 외부 플러그인을 이용해서 다양한 추가 기능을 확장할 수 있다.

안드로이드의 열린 플랫폼으로써의 강점은 대기화면의 구성을 임의로 변경하는 것까지도 지원한다는 것이다. 아이폰은 20개의 어플들을 홈 화면에 배치하는 것만 가능하지만 안드로이드는 위젯을 이용해서 독특한 형태로 재구성할 수 있다. 또한 윈도우의 테마를 이용하면 배경 화면과 아이콘, 마우스 포인터, 시스템 소리 등을 바꿀 수 있는 것처럼 안드로이드도 테마를 변경하는 것이 가능하다. 이처럼 아이폰은 정해진 틀 안에서만 서비스를 개발할 수 있지만 안드로이드는 훨씬 자유롭다.

QR 코드 007
안드로이드의
플래시 구현 사진

그 외에 안드로이드의 최대 강점은 멀티태스킹이다. 여러 어플들을 동시에 실행하는 것이 가능하다. 어플을 백그라운드에서 실행해둔 채 다른 작업을 할 수 있어 작업 전환이 가능하다. 트위터를 실행해둔 채 다른 어플을 실행해도, 종료되지 않은 트위터에서 새로운 메시지를 계속 갱신하며 받을 수 있다. 종료하지 않은 트위터를 재실행하는 속도도 빠를 뿐 아니라 백그라운드에서 인터넷에 연결된 채 데이터를 계속 갱신받을 수 있다. 참고로 아이폰의 경우에는 전화, 메일, 아이팟 등은 항상 백그라운드에서 실행된다. 이들 어플들은 멀티태스킹이 지원되지만 일반 어플들은 불가능하다.

그림 02-04
여러 개의 어플을 동시에 실행할 수 있는 안드로이드

INSIGHT _ 아이폰에서의 탈옥

그림 02-05
아이폰4의 멀티태스킹 호출 화면

사실 아이폰을 탈옥하면 안드로이드가 갖는 자유로움을 만끽할 수 있다. 안드로이드에서 가능한 백그라운드 실행(멀티태스킹)도 가능하다. 홈 화면의 구성을 통째로 바꾸며 테마를 적용할 수 있다. 또한 기존 아이폰에서는 불가능한 작업들(특정 통화 목록 삭제, 실행 중인 프로세스 종료, 하드웨어 버튼에 특정한 명령 할당 등)을 실행할 수 있다. 단, 아이폰의 탈옥을 통해 얻게되는 이런 자유로움은 아이폰의 안정성과 속도, 보안을 희생해야 한다. 참고로 아이폰 4.0 OS에서는 멀티태스킹을 포함해 추가로 1,500개의 API를 오픈하고 있어 자유로운 안드로이드를 닮아가고 있다.

스마트폰을 넘어 스마트TV로

10년 넘은 PC 기반의 인터넷 시장이 스마트폰과 함께 변화하고 있다. 그 변화가 고작 2~3년에 불과한데 벌써 또 다른 변화의 조짐이 일고 있다. 22인치의 스크린이 제공되는 PC와 3~4인치의 스마트폰의 중간인 7~9인치의 태블릿(아이패드와 같은)이 그것이다. 아이폰 OS, 안드로이드 등이 탑재된 태블릿이 2010년 상반기에 출시되면서 제 3의 스크린에 대한 관심이 늘고 있다. 그 와중에 2010년 하반기에는 또 다른 스크린에 대한 관심이 커지고 있다. 바로 40인치가 넘는 TV이다. 30년 넘게 우리 가정을 지켜온 TV는 흑백에서 컬러로, 공중파에서 케이블TV로 바뀌어왔다. 2000년대 후반부터 디지털 TV와 IPTV에 대한 관심이 뜨거워지고 있지만 아직 대중적으로 보급되지는 못했다. 이런 TV시장이 변화하고 있다.

TV의 변화는 2007년경 애플이 애플TV로 먼저 도전했지만 실패로 끝났다. 애플이 도전한 TV는 셋톱박스 형태로 기존 TV와 연결해서 사용하는 형태이다. 애플TV를 이용하면 웹에서 제공되는 훌루닷컴, 유투브 그리고 아이튠즈에서 구매한 각종 비디오를 시청할 수 있다. 하지만 기존 WWW나 아이팟 등에서 볼 수 있던 콘텐츠를 커다란 TV에서 재탕해서 보여주는 것만으로는 부족했던 탓인지 애플TV는 대중화 되기에는 실패했다. 이후 2010년 5월 구글은 소니와 인텔, 로지텍 그리고 디시 네트워크(미국 위성방송사) 등과 제휴를 맺고 구글TV를 발표했다.

QR 코드 008
http://goo.gl/SL6i
구글TV 소개 동영상

구글TV에는 안드로이드가 OS로 탑재되었다. 스마트폰에서 사용하는 안드로이드를 사용함으로써 구글TV에서 안드로이드 마켓에 게시된 어플들을 사용할 수 있다. TV에서 수만 개의 안드로이드 어플을 사용할 수 있으며 유투브, 넷플릭스 등의 비디오 시청도 가능하다. 또한 구글 검색을 이용해서 TV 시청 중 원하는 정보를 빠르게 검색하는 것도 가능하다. 구글의 스마트TV는 TV 시장에 커다란 변화를 가져다 줄 것으로 기대하고 있다. 구글TV의 혁신적인 도전은 애플의 움직임도 이끌어 내고 있어, 애플도 아이폰 OS 기반의 애플TV에 대한 새로운 도전을 시작할 것으로 전망된다.

QR 코드 009
http://goo.gl/H9KC
스마트 TV 시장의 경쟁

03

제조사, 통신사, 서비스사, 미디어사의 무한경쟁

스마트폰 시장은 PC 기반의 인터넷 시장과 달리 무한경쟁과 수직통합의 산업적 특성을 갖추고 있다. 과거 경쟁관계에 있지 않던 기업들이 서로 경쟁하고 서로 다른 영역에 있던 산업이 통합되고 있는 것이다.

수평적 경쟁구도의 PC 플랫폼

PC 기반의 웹 플랫폼은 산업 간의 경쟁이 없었다. 오히려 PC를 만드는 삼보컴퓨터와 OS를 개발하는 MS는 상호 협력관계였다. 또한 삼보컴퓨터가 네이버와 경쟁할 이유도 없었다. 오히려 상호 협력을 통해서 서로의 부족한 점을 보완하고 전략적 제휴를 기반으로 각 산업이 성장하는 구조였다.

산업 간 경계가 뚜렷한 PC 시장

WWW 시장에서의 밸류체인(가치 사슬)은 산업 간 경계(PC제조사, 네트워크 사업자, 인터넷 서비스 사업자 등)가 명확하게 구분되어 있다. PC는 제조사에서 생산되는데 대표적인 컴퓨터 제조업체로는 HP, DELL, 삼성전자, 애플 등이 있다. 이들은 20년 넘게 컴퓨터를 제조해왔다. 애플의 경우는 컴퓨터 본체와 컴퓨터를 조작하는데 필요한 운영체제를 함께 만드는 반면, 다른 컴퓨터 제조사들은 MS의 윈도우 운영체제를 주로 이용했다. PC가 많이 팔려야 윈도우도 많이 판매되기 때문에 전통적으로 컴퓨터 제조사와 MS는 협력 관계를 가지고 있다. 애플의 컴퓨터는 애플만이 만들지만, 윈도우가 탑재되는 컴퓨터는 세계의 수많은 컴퓨터 제조사에서 만들기 때문에 애플과 애플이 아닌 컴퓨터는 서로 경쟁관계에 있다. 이렇게 컴퓨터 제조사와 소프트웨어 업체는 서로 상생하며 시장을 키워갔다.

WWW 시장은 컴퓨터와 초고속 인터넷을 기반으로 한다. 컴퓨터가 많이 보급될수록 인터넷 활성화에 큰 힘이 된다. 1998년 한국에 초고속 인터넷이 본격적으로 보급되면서 PC 시장도 함께 동반 성장하게 되었다. 이렇게 인터넷 서비스를 제공하는 기업을 가리켜 ISP(Internet Service Provider)라고 하며, 대표적으로 KT(메가패스), SKT(하나로), 데이콤(파워콤) 그리고 각 지역의 케이블 방송 사업자들이 있다. 컴퓨터 제조사, 소프트웨어 개발사 그리고 ISP는 서로 상생하며 PC-WWW 시장을 견인했다. 이렇게 거대 사업자들이 만든 WWW가 모태가 되어 WWW에서 사업을 제공하는 포털, 전자상거래, 콘텐츠 유통, 광고 등의 다양한 비즈니스가 탄생되었다. PC와

WWW가 활성화되면서 다음, 네이버, 인터파크, 옥션, 소리바다, 디씨인사이드 등의 다양한 인터넷 기업들이 등장하게 되었다.

이처럼 삼성전자, MS, KT, 다음 등은 서로의 영역에서 사업을 확장하면서 상부상조하는 관계를 가지고 있다. 서로가 경쟁관계에 있을 수 없다. PC가 많이 팔려야, 소프트웨어의 판매도 늘어난다. 또 그래야 인터넷 가입자도 늘어나고 인터넷 서비스도 활성화된다.

윈텔 연합군의 시장 지배

PC를 구성하는 부품은 종류가 다양하다. 부품 중에 가장 핵심은 CPU이다. CPU는 인텔과 AMD라는 회사에서 제조하며, 대부분의 컴퓨터(윈도우 기반의 PC – IBM 호환 PC라 지칭)에는 인텔 CPU가 포함되어 있다. 컴퓨터가 많이 판매될수록 가장 큰 수익을 얻는 기업이 인텔이다. 또한 그러한 컴퓨터에는 어김없이 MS의 운영체제가 들어가 있다. IBM 호환 PC가 전성기였던 1995~2005년에 MS와 인텔은 공고한 파트너십을 가지고 PC 시장을 성장시켰다. 이것을 윈텔 동맹이라고 부른다. 물론 컴퓨터에는 CPU 외에 메인보드, 그래픽카드, 메모리, 하드디스크 등의 다양한 주변기기들이 있다. 메인보드는 인텔과 대만의 ASUS, MSI 등이 주요 기업이며 그래픽카드는 NVIDIA, 메모리는 삼성전자, 하드디스크는 시게이트 등이 있다. IBM 호환 PC는 이처럼 여러 기업들의 동맹과 상생을 통해 탄생된다.

반면 애플은 이러한 시장을 거의 독식하다시피

QR 코드 010
http://goo.gl/jt14
윈텔의 역사와 배경

해왔다. 애플에 들어가는 부품을 만드는 제조사는 애플에만 독점으로 제품을 납품하는 등 애플의 철저한 통제와 관리를 받고 있다. 애플의 브랜드에 감춰져 제조사들은 거의 주목을 받지 못한다. 이렇다 보니 IBM 호환 PC가 1990년부터 세계 PC 시장에서 성장했으며, 대중적으로 보급될 수 있었다.

PC 시장은 이처럼 여러 기업들의 긴밀한 협력을 통해서 성장했다. 인텔, ASUS, NVIDIA, 삼성전자, 시게이트 등에서 새로운 기술로 더 빠르고 대용량의 하드웨어를 출시하면 그에 발맞춰 MS는 이들 기기에 최적화된 운영체제를 출시했다. 새로운 운영체제가 출시되면 그 운영체제에서 동작하는 새로운 소프트웨어가 개발되었다. 사용자들은 이미 컴퓨터를 가지고 있어도 좀 더 빠른 속도, 다양한 기능, 새로운 소프트웨어를 사용하기 위해 컴퓨터를 새로 구입하게 되었다. 그런 컴퓨터 시장의 성장률이 더뎌지고 있다. 대부분의 가정과 회사에 PC가 보급되면서 정체 상태에 빠진 것이다. 이제 사용자들은 더 이상 막강한 성능의 PC를 필요로 하지 않는다. 1~2년 전

INSIGHT _ 애플의 혁신

컴퓨터 시장에서 애플은 실패했다. IBM 호환 PC와 비교해서 시장점유율이 낮은데다가 전체적으로 PC 보급률이 높아지면서 맥의 판매량도 크게 늘지 않았기 때문이다. 하지만 애플은 컴퓨터가 아닌 MP3P, 휴대폰을 제조하면서 위기를 탈출했다. 전혀 엉뚱한 전자기기를 생산하면서 위기를 극복한 것이다. 게다가 애플의 아이팟과 아이폰은 맥의 판매량을 높여주는 1석 2조의 효과까지 가져다주었다. 애플의 혁신적인 상품으로 인하여 PC 산업이 고질적으로 가지고 있던 한계를 극복할 수 있게 된 것이다.

에 구입한 컴퓨터로도 아무 불편없이 WWW를 사용할 수 있기 때문이다. 여기서 MS, 인텔 그리고 컴퓨터 제조사들과 주변기기 제조업체들의 고민이 시작되었다.

방송, 통신, 서비스의 분리

스마트폰 이전, 모바일 이전의 TV, PC, WWW 그리고 통신 산업은 서로 간의 영역이 명확하게 구분되는 다른 시장이었다. 즉, 방송사(MBC, KBS, SBS)와 통신사(KT, SKT, LG유플러스)는 서로 다른 회사이고, 서로 경쟁할 수 없는 전혀 다른 산업군이었다. 마치 PC 제조업체와 통신사, 소프트웨어 개발사가 서로 다른 산업으로 분리된 것과 같다.

방송사는 남산에 송신탑을 통해서 전파를 송출해 각 가정에 방송을 전송했다. 우리는 안테나로 전파를 수신해서 방송사가 보내주는 프로그램을 볼 수 있었다. 케이블TV의 등장으로 공중파 이외의 다양한 케이블 방송 채널을 유선망을 통해서 볼 수 있게 된 것이 큰 변화였다. 통신사는 전국에 기지국을 세우고 사용자의 휴대폰에 주파수를 통해 데이터를 송수신해 사용자 간에 통화를 할 수 있도록 해준다. 방송이 송출되는 전파와 통화를 하기 위한 주파수는 서로 달랐으며, 방송을 보는 TV와 통화를 하는 휴대폰도 서로 전혀 다른 기기였다.

거실에 있는 TV와 달리 PC는 혼자 사용하는 기기이고 게임이나 웹 서핑, 뉴스를 보는 용도로 이용했다. TV, 휴대폰이 방송과 통화라는 용도로 사용되는 것처럼 PC는 WWW 서비스를 목적으로 이용되었다. 이 세 가지 기기(TV, 휴대폰, PC)는 서로 다른 영역에 있으며 각각을 통해 형성된 산업(방송, 통신, 서비스) 역시 서로 분리되어 있었다. 그러니 MBC와 KT 그리고 네이버가 서로 경쟁관계도 아니고 서로 다른 산업에 속한 다른 시장인 것이다. 그것이 모바일 이전 시장의 특징이다.

수직통합적인 플랫폼 경쟁의 모바일 시장

스마트폰의 보급과 함께 모바일 플랫폼에서는 모든 산업이 수직통합을 하고 있다. 전혀 경쟁관계에 있지 않던 기업들이 경쟁하는 무한경쟁의 시대가 되었다. 그것은 모바일 플랫폼이 기존 PC 기반의 플랫폼과 달리 2개 이상의 산업을 통합하는 속성을 가지고 있기 때문이다.

하드웨어, 소프트웨어, 네트워크 간 컨버전스 시장

아이폰은 애플이 만들었다. 맥을 만든 애플은 맥을 동작하는 맥OS도 함께 만들었다. 아이폰 역시 아이폰을 동작시키는 아이폰 OS도 애플이 만들었다. 아이폰 이전의 스마트폰은 IBM 호환 PC처럼 하드웨어를 만든 곳과 운영체제를 만든 곳이 달랐다. 즉, 윈도우 모바일폰은 폰은 삼성전자나 HP가 만들고, OS는 MS가 개발했다. 그런데 아이폰은 폰과 OS 모두를 하나의 기업에서 만든 것이다. 물론 블랙베리 역시 RIM이라는 기업에서 폰과 OS 모두를 만든다.

그렇다 보니 아이폰 이후에 출시된 Palm Pre라는 스마트폰 역시 Palm이란 회사에서 폰과 OS를 만든다. 노키아는 심비안이라는 스

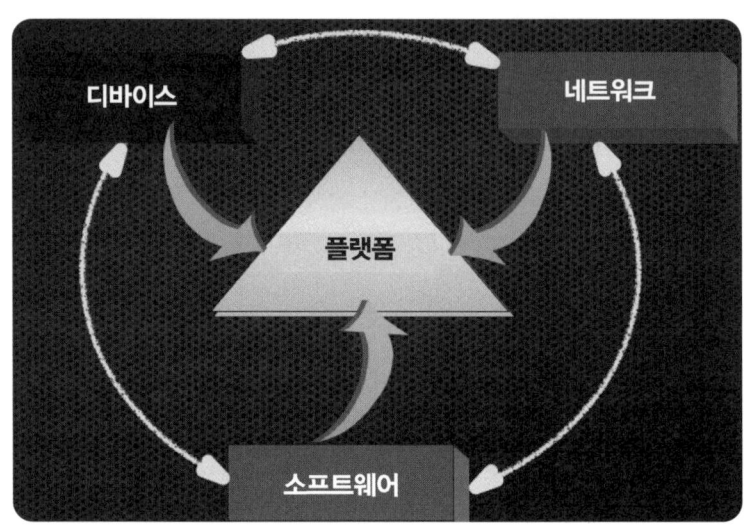

그림 03-01
하드웨어, 소프트웨어, 네트워크로 통합되는 플랫폼

마트폰 OS 업체를 인수해서 폰 이외의 OS에 대한 투자에 집중하게 되었으며, 구글이 안드로이드라는 스마트폰 OS를 만들어 공짜로 제조업체들에게 준 것도 그만큼 OS가 중요하다라는 것을 반증해준다. 삼성전자 역시 MS의 윈도우 모바일이나 구글의 안드로이드 외에 직접 만든 OS를 자사 스마트폰에 채택하는 준비를 하게 된다. 하드웨어와 소프트웨어가 통합되는 시대가 스마트폰에서 열린 것이다. PC 시장에서는 애플을 제외한 PC는 하드웨어와 소프트웨어 산업이 분리되어 있었는데 스마트폰에서는 이것이 통합된 것이다.

자동차에 기름이 없으면 움직일 수 없고, 도시가 한밤중에 정전이 되면 아무것도 할 수 없는 것처럼 스마트폰, PC가 인터넷 연결이 되지 않으면 가치가

QR코드 011
http://goo.gl/Q26u
FON에 대한 설명

없다. 네트워크는 통신사들의 영역인데, 점차 이것마저 흔들릴 수 있다. 강남역 한복판, 아니 가정에서 노트북이나 스마트폰으로 주변에 와이파이 신호를 잡으면 여러 개의 AP를 찾을 수 있다. 그 AP들은 개인이 실수 혹은 맘씨 좋게 열어둔 것이다. 와이파이를 이용하면 별도의 인터넷 사용료를 내지 않고도 무선 인터넷 사용이 가능하다. 이러한 원리를 이용해 FON이라는 회사는 세계의 와이파이를 무료로 공유하는 사업을 추진하기도 했다. 또한 구글은 미국의 한 도시에서 네트워크를 무료로 제공하는 실험을 하고 있다. 구글이 미국 전역에 무료 인터넷 서비스를 제공할 수 있을지도 모르는 일이다.

방송과 통신의 융합

방송과 통신은 전파와 주파수를 이용해 데이터를 실어 나른다는 측면에서는 비슷하지만, 방송은 일방향으로 송신만 하고 통신은 양방향의 송수신이 가능하다는 차이를 가지고 있다. 또한 방송이 실어 나르는 데이터는 TV 방송 프로그램이고 통신은 사용자의 목소리를 실어 나른다는 것이 차이점이다. 물론 사용자가 미디어를 최종적으로 접하게 되는 기기가 TV와 휴대폰이라는 것도 다른 점이다.

QR 코드 012
http://goo.gl/vROE
애플, 구글 공습에
대항하는 통신 업계

　점차 다른 영역에 있던 산업의 구분이 사라지고 있는데 그것은 방송과 통신의 기술적 차이가 사라지고 있기 때문이다.

　TV가 케이블 유선망을 통해서 양방향으로 데이터의 송수신이 가능해지고 TV의 성능과 기능도 좋아졌다. TV를 통해 방송만 보는 것이 아니라 데이터를 송수신하며 다양한 인터넷 서비스를 사용할 수 있게 되었다. 물론 TV 앞에서 화상 통화를 할 수도 있다. 반대로 스마트폰 역시 통화만 하는 것이 아니라 유투브 동영상을 보고 KBS, SBS의 방송도 볼 수 있다. DMB가 아닌 무선 인터넷을 이용해서 데이터 송수신 방식으로 방송 프로그램을 볼 수 있게 된 것이다. TV와 스마트폰은 크기만 다를 뿐 사용할 수 있는 서비스의 차이가 없어지게 된 것이다.

방송과 통신의 융합은 IPTV와 디지털TV, 스마트TV 등에서 더욱 본격화될 것이다. 이미 SK텔레콤의 자회사인 SK텔링크는 TU미디어라는 위성DMB 사업 부문의 인수를 추진 중이다. CJ는 CJ헬로

INSIGHT _ 올드미디어의 쇠락

2009년 12월 미국의 케이블 사업자인 컴캐스트(Comcast)는 NBC 유니버설을 합병하겠다고 발표했다. NBC 유니버설은 미국의 4대 지상파 방송 중 하나인 NBC 텔레비전 네트워크와 영화배급사인 유니버설 스튜디어를 소유하고 있는 미국의 대표적인 올드미디어 기업이다. 그런데 케이블 사업자인 컴캐스트가(뉴미디어) 방송국을 인수하겠다고 나선 것이다. 이는 지상파 방송사업의 쇠락과 케이블 사업자의 성장을 통해 뉴미디어가 올드미디어를 어떻게 역습하는지를 보여주고 있다.

이런 예는 신문과 포털의 지위에서도 찾아볼 수 있다. 매스미디어 시장을 지배하던 신문, 언론사들은 온라인 미디어의 성장 속에서 갈수록 어려움을 겪고 있다. 국내 메이저급 신문사인 조선일보, 중앙일보, 동아일보 등의 연간 매출을 모두 합해도 네이버의 매출과 비교도 할 수 없다. 독자들은 네이버와 다음의 홈페이지를 통해서 신문사들의 기사를 소비하고 있다. 신문을 사보지도 않고 신문사의 홈페이지에 가서 뉴스를 소비하지도 않는다. 올드미디어가 뉴미디어에 의해 어떻게 지위가 바뀌고 있는지 알 수 있는 대목이다.

QR 코드 013
http://goo.gl/ACIU
컴캐스트의
NBC 인수

비전(케이블TV업체)을 통해 IPTV 사업권을 획득하는 방안을 추진 중이다. 이를 통해서 세종텔레콤의 전화사업부 설비 인수도 추진해 통신시장의 진출도 가능하게 될 것이다. 통신 영역에 있던 이들 기업은 휴대폰과 TV 기반의 방송 통신 사업에 대한 비전 때문에 이러한 사업 영역까지 확장 하는 것이다.

플랫폼 독점의 폐단

수직통합의 산업시대에 우리가 경계해야 할 것은 승자독식의 법칙이다. 수직통합은 하나의 기업이 모든 것을 소유하기에 독식과 독점을 유발할 수 있다. 하드웨어와 소프트웨어 그리고 네트워크를 하나의 기업이 독점한다고 생각해 보자. 이 세 가지의 구성요소는 플랫폼을 구성하는 핵심인데, 이 모두를 독점하면 플랫폼을 소유하게 되는 것이다. 플랫폼에서 운영되는 각종 미디어와 서비스 그리고 유통을 독점하게 되면 엄청난 힘을 가지게 된다.

일례로 애플의 아이폰에는 아이튠즈라는 음악, 영화 유통 플랫폼이 제공된다. 아이튠즈를 통해서 애플이 유통하는 수많은 콘텐츠를 구입할 수 있다. 국내에는 이러한 음악을 유통하는 서비스로 멜론, 도시락, 벅스뮤직 그리고 소리바다 등이 있다. 그런데 아이폰에는 이러한 콘텐츠 유통 어플이 등록되어 있지 않다. 정확하게 말하면 벅스뮤직과 소리바다는 등록이 되었다가 2010년 5월 경에 사라졌다. 애플이 해당 어플들을 삭제 조치한 것이다. 플랫폼을 소유한다는 것은 막강

QR 코드 014
http://goo.gl/HEYX
앱스토어 결제
정책의 이중 잣대

한 영향력을 가진다는 의미이다. 플랫폼에서 거래, 운영되는 서비스에 대한 통제를 함으로써 비즈니스를 쉽게 좌지우지할 수 있다.

그런 이유로 거대 기업들은 저마다 플랫폼을 독자적으로 만들려고 노력한다. 통신사도 이러한 움직임에 빠지지 않는다. SKT, KT가 독자적 앱스토어를 만들려는 것도 이러한 이유 때문이다. 또한 Palm이 웹 OS에 기반한 독자적인 플랫폼을 구축한 것도 플랫폼을 소유하기 위해서이다. 물론 이 모든 플랫폼이 성공하지는 못할 것이다. 하지만 성공한 플랫폼은 막강한 영향력을 가지게 된다.

포털, 통신사의 경쟁력이 해체되는 비즈니스 모델

수직통합의 모바일 산업에 있어서 가장 위태로운 조직은 기존의 시장을 지배하고 있던 거대사업자들이다. 포털과 통신사 그리고 제조사들은 새로운 게임의 법칙에 위협을 받고 있다. 기존 시장의 지배권이 낱낱이 해체되고 새로운 법칙이 등장하고 있기 때문이다.

포털과 통신이 지배하던 시기

유선은 포털, 무선은 이동통신사가 지배하던 때는 스마트폰 이전의 시기이다. 과거 유선을 장악했던 통신사들은 월 2~4만 원 정도의 정액제를 받고 인터넷망을 제공하는 사업을 운영했다. 이제는 더 이상의 부가가치를 만들지는 못한채 망만 제공하는 역할을 할 뿐이다. 이는 고속도로를 운행하는 자동차에 통행료만 받을 뿐 휴게소와 여행지의 부가가치는 얻지 못하는 것과 같다. 게다가 초고속 인터넷 가입자가 포화 상태에 이르면서 더 이상의 매출 확대는 일어나지 않고, 수많은 케이블 통신 사업자들로 인하여 오히려 인터넷 사용료는 갈수록 내려가는 악순환을 겪었다. 그러나 이런 시장에서 포털 사업자들은 상당한 부가가치를 창출하며 사업을 확장할 수 있었다.

통신사는 무선 시장에서 같은 실수를 반복하지 않기 위해 휴대폰 기반의 무선 인터넷을 철저하게 통제하고 폐쇄했다. 직접 자회사를 통해서 모바일 인터넷 서비스를 제공했지만 WWW처럼 개방되고 공개된 플랫폼 사업을 추진하지 않았다. WWW에서는 누구나 홈페이지를 만들고 서비스를 운영할 수 있지만, 휴대폰 인터넷 서비스에서는 이동통신사의 검수와 검증을 받아야만 서비스를 오픈할 수 있었다. 이에 대한 문제제기로 인하여 망 개방 등이 이루어졌지만 그럼에도 불구하고 WWW와 같은 개방은 이루어지지 않았다.

유선은 포털, 무선은 이동통신사가 지배하던 이 시기가 스마트폰의 보급과 함께 흔들리고 있다. 개방된 모바일 인터넷에서는 포털조차도 계급장을 떼고 1인 개발자와 싸워야 한다. 포털이 WWW에서 가지고 있던 지배력이 모바일 인터넷에서는 유지되기 어렵다. 물론 통신사들의 지배력 역시 해체되는 것이 스마트폰 기반의 모바일 시장이다.

통신 시장의 붕괴와 새로운 기회

10년 전 누가 신문사와 인터넷 포털이 같은 산업에서 싸울 줄 알았겠는가. 패러다임이 변화하면서 어제의 친구가 오늘의 적이 되었다. 모바일 시장이 싹트기 시작하면서 전혀 다른 영역에 있던 산업과 시장이 통합되고, 이로 인해 새로운 경쟁자가 등장했다.

사실 휴대폰 시장에서 제조사와 이동통신사는 그들만의 카르텔(기업 연합)을 형성하며 단짝이었다. 때로 이해관계로 인하여 싸우기도 했지만 이동통신사와 제조사는 서로의 이득을 위해 무선 통신시장을 함께 키워갔다. 하지만 아이폰의 등장과 함께 과거의 친구이던 제조사와 이동통신사의 사이에 서서히 금이 가고 있다.

기존의 휴대폰은 이동통신사가 무소불위의 권력에 따라 제조사가 단말기의 스펙(하드웨어 사양)을 맞춰주고, 이동통신사가 간택한 서비스를 휴대폰에 탑재하여 시장에 공급되었다. 제조사는 이통사가 수십만 대의 휴대폰을 개런티해서 사주기 때문에 그들의 입맛에 맞춰 휴대폰을 공급해주었다. 하지만 아이폰은 그러한 시장의 관행을 철저하게 깨뜨렸다. 아이폰에 탑재되는 서비스와 단말기의 스펙은 이동통신사의 간섭을 받지 않는다. 이동통신사는 보조금까지 지불해가며 수십만 대의 단말기를 구매해줌에도 불구하고 자신들의 목소리를 높일 수 없는 것은 물론 아이폰에 애플의 입맛에 맞는 어플과 애플의 비즈니스에 도움이 되는 아이튠즈, 앱스토어와 같은 유통 플랫폼을 그저 쳐다보고 있을 수밖에 없는 것이다. 게다가 이제는 전통적인 인터넷 서비스 기업인 구글조차도 HTC를 통해 구글폰(넥서스원)을 만들어 온전히 구글의 입맛에 최적화된 스마트폰을 생산하고 있다.

상황이 이렇다 보니 과거 이동통신사의 구미에 맞춰 폰을 생산하던 휴대폰 제조사들이 서서히 딴 생각을 하고 있다. 아이폰도 그렇게 했는데 삼성전자가 하지 말란 법은 없다. 게다가 이동통신사의 입맛에 맞춰 스마트폰을 생산하다보면 자칫 미래의 먹거리인 스마트폰 시장에 아이폰이나 블랙베리, Palm Pre 등과의 경쟁에서 뒤쳐질 수밖에 없다. 삼성전자나 LG전자 등의 휴대폰 제조사들은 도태되지 않기 위해 이동통신사와의 카르텔을 깨뜨리고 있다. 제조사의 입맛에 맞는 서비스와 스펙으로 스마트폰을 생산하며 이동통신사가 과거에 가졌던 권한과 권력을 해체하고 있다. 이동통신사는 갈수록 사면초가지만 오히려 제조사들은 새로운 기회를 얻을 수 있게 되었다.

서비스를 통한 무한경쟁

전통적인 컴퓨터 제조사이자 MP3P 제조사였던 애플은 아이폰을 통해 삼성전자나 노키아와 같은 휴대폰 제조업체와 경쟁자가 된지 오래이다. 심지어 애플은 모바일 광고 관련 기업인 AdMob를 인수하기 위해 구글과 경쟁했다. 구글이 AdMob를 인수하자 애플은 쿼트로라는 모바일 광고 업체를 인수했다. 이는 애플의 비즈니스 모델이 바뀐 것을 암시한다. 컴퓨터를 팔던 애플은 아이팟을 팔며 아이튠즈로 콘텐츠를 유통하는 기업으로 바뀐 후, 아이폰의 출시와 함께 앱스토어를 통한 어플 유통업으로 영역을 확장했다. 그리고 이제는 모바일 광고 시장까지도 진출하고 있다.

 그러한 경쟁은 구글이 스마트폰 운영체제인 안드로이드를 출시하면서 시작되었다. 구글은 안드로이드만 만들었을 뿐 직접 폰은 생산하지 않아 애플과는 다른 길을 걷는듯했다. 하지만 구글이 HTC를 통해 넥서스원을 출시해 아이폰에 대항했다. 게다가 구글은 아이폰의 음악 어플을 개발하는 기업을 인수하며 안드로이드폰에서 음악 유통 서비스를 하기 위해 도전하고 있다. 이는 애플의 비즈니스

QR 코드 015
애플의 음악 서비스
LaLa 인수

모델인 콘텐츠 유통에 구글이 나서는 것을 의미한다. 애플이 모바일 광고에 진출하는 것에 대한 구글의 반격이다.

그 외에도 구글은 여러 산업 영역에 도전하고 있다. 구글 내비게이션과 구글 보이스를 선보였고 유투브는 이미 방송 시장에 영향을 준 지 오래이며, 구글TV는 TV 가전기기 업체와 케이블 방송 사업자마저 위협하고 있다. 이처럼 구글은 다양한 인터넷 서비스를 통해서 산업 간의 경계를 넘나들며 무한경쟁하고 있다.

04
혁신에 의한 시장의 변화

시장은 끊임없이 새로운 아이디어와 혁신에 의해서 변화한다. 이 같은 변화는 새로운 법칙을 만들어내고, 그것에 적응하지 못한 사업자는 시장에서 도태되기 마련이다. 이러한 게임의 법칙을 주도하는 기업만이 시장을 지배할 수 있다. 지금부터는 최근에 벌어지고 있는 일련의 IT 혁신을 살펴보자.

기술의 변화와 트렌드
기술의 변화와 혁신이 항상 성공하는 것은 아니다. 성공은 어렵지만, 일단 성공하면 그 기술은 보편화되고 이를 통해 우리의 삶과 사회는 크게 변화한다. 스마트폰의 등장은 우리의 삶은 물론 산업구조와 사회를 크게 변화시키고 있다. 기술의 변화가 우리의 삶을 어떻게 바꾸고 트렌드를 만들어가는지 알아보자.

거실에서 방으로, 이제는 손으로

1990년대 우리의 책상 위에는 커다란 컴퓨터가 자리했다. 데스크탑이라 불리던 컴퓨터의 등장은 가족이 도란도란 거실에 모여 TV를 시청하는 경험을 사라지게 했다. 혼자 방에서 책상 위의 17인치 모니터를 통해 세상과 만나는 것이 더욱 익숙해졌다. 이제는 20년 넘게 우리를 방에 가두었던 PC-인터넷 시대가 스마트폰의 등장으로 점차 바뀌고 있다. 스마트폰 덕분에 방이 아닌 거리, 버스, 침대, 거실, 주방 어디서든 인터넷에 연결할 수 있는 자유를 얻게 된 것이다. 그런데 아직 본격적으로 내 손에서의 자유를 만끽하기도 전에 또 다른 세상이 다가오고 있다. 바로 아이패드와 스마트TV의 등장이다.

아이패드와 스마트TV의 등장은 거실에서 방으로, 방에서 손으로 바뀌어가는 생활의 패턴이 또 한 번의 변화를 야기할 것으로 예상된

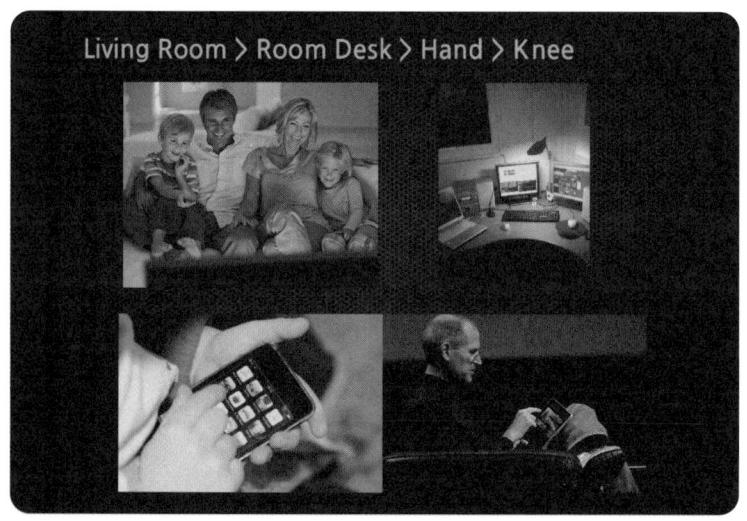

그림 04-01
라이프 스타일의 변화

다. 무릎 위에 올려두고 소파, 침대 그리고 야외(학교 캠퍼스와 회사 회의실 등)에서 디지털 라이프, 인터넷 라이프를 즐기는 것은 방에서 그리고 손에서 즐기는 것과는 또 다른 커다란 삶의 변화가 생길 것이다. 무엇보다 혼자 즐기던 디지털 사용의 패턴이 함께 즐기는 것으로 그리고 콘텐츠와 서비스의 경계를 허물어 제대로 된 컨버전스를 보여줄 것으로 기대된다. 특히 방에서 다시 거실로 콘텐츠 소비 공간을 바꿀 것이다. 또 태블릿과 스마트TV는 혼자 즐기던 인터넷 라이프를 함께 즐기는 것으로 바꾸어 놓을 것으로 기대된다. 이런 면에서 볼 때 PC-WWW 그리고 스마트폰 기반에서 주목받았던 콘텐츠, 서비스와는 다른 콘텐츠 소비 패턴이 이루어질 것이다.

QR 코드 016
http://goo.gl/Wjfu
구글TV 발표

그렇다면 과거 아날로그 시대에 거실과 우리의 무릎 위에서 주로 보던 콘텐츠는 무엇이었을까? 바로 잡지와 책일 것이다. 그리고 비디오 역시 거실에서 즐겨보던 콘텐츠이다. 거실로의 복귀는 그간 PC와 인터넷 덕분에 잊고 지내던 콘텐츠가 재주목받는 계기가 될 것이다. 단, 그 콘텐츠가 유통되는 플랫폼을 누가 운영하고 지배할 것인지가 핵심이다. PC 기반의 웹에서는 포털, 스마트폰은 앱스토어, 전자책은 아마존과 아이북이 주도하는 것처럼 새로운 태블릿과 스마트TV의 콘텐츠 유통 플랫폼을 누가 지배하느냐가 중요해진다. 달라진 콘텐츠 소비 패턴에 따라 콘텐츠의 유통도 달라질 텐데, 우리는 그 시장을 누가 지배하는지 주목해야 한다.

주목받지 못한 시티폰과 PDA폰

혁명이 실패하면 반란인 것처럼, 혁신이 실패하면 쪽박이다. 사실 스마트폰은 아이폰 이전에도 있었다. HPC(Handheld PC), PDA폰 등으로 PDA와 휴대폰 기능이 통합된 제품들이 존재했었다. 하지만 대중적으로 보급되지 못하고 실패했다. 그 원인은 지금의 스마트폰만큼 사용성이 좋지 못하고, 가격이 비쌌기 때문이다. 그런데 더 중요한 것은 이러한 제품이 사용자들에게 수용될 만큼 시장이 무르익지 않은 탓도 크다. 즉, 기술이 앞서간 것이다.

PDA폰은 사실 일반 사용자들이 사용하기에는 버거울 정도로 사용하기가 복잡했다. PC보다 더 많은 학습을 요구하는 어려운 기기였다. 만일 PDA폰의 유용함과 유익함이 컸다면 그러한 번거로움에도 불구하고 사용자들이 늘어갔을 것이다. 이처럼 시장의 수준과 달리 고기술을 추구해 실패한 대표적인 것이 이리듐(인공위성 휴대폰)과 세그웨이(두 바퀴로 달리는 운송 수단)이다.

반면 시장의 요구 수준과 맞았음에도 불구하고 실패한 기기도 있다. 바로 시티폰이다. 시티폰은 공중전화 근처에서 휴대폰처럼 사용할 수 있는 휴대용 전화기이다. 휴대폰이 보급되기 전에 널리 사용되던 휴대용 통신기로 삐삐가 있었다. 삐삐는 메시지를 받을 수 있지만 통화를 할 수는 없기 대문에 삐삐로 호출이 오면 공중전화기로 가서 전화를 해야했다. 공중전화기에 사람이 많으면 바로 통화를 할 수 없었다. 이런 불편을 해결해준 것이 시티폰이다.

하지만 시티폰이 나온 지 얼마 안 돼 휴대폰이 출시되면서 시티폰은 금새 자취를 감추고 말았다. 물론 삐삐도 함께 사라졌다. 시티폰이 대중의 눈높이와 요구에 맞는 제품이었지만 더 훌륭한 성능의 휴대폰이 등장하면서 사라지게 된 것이다. 휴대폰은 시티폰처럼 공중전화기 근처에서만 사용할 수 있는 것이 아니라 어디에서나 사용이 가능하다.

파괴하는 비즈니스와 따라하는 비즈니스

비즈니스는 새로운 산업과 시장을 창출해내는 것과 이미 만들어진 시장에 편입하는 것이 있다. 새로운 시장을 창출한다는 것을 기존 시장을 파괴하는 것을 뜻한다. 아이폰은 기존의 통신 시장을 파괴하면서 새로운 모바일 인터넷 시장을 만들어냈다. 그것은 아이폰의 20만 개의 어플들로 기존의 휴대폰으로 하지 못하던 것을 편리하게 할 수 있도록 해주었기 때문이다. 게다가 이런 기능은 계속 새롭게 만들어지고 있다. 특히 세계를 대상으로 서비스할 수 있다는 점도 아이폰이 만든 혁신적인 비즈니스의 하나이다. 기존 휴대폰은 국가별 이동통신사에 의해 운영, 관리되었기 때문에 글로벌한 서비스 제공이 불가능했다. 아이폰은 국가의 장벽마저도 넘어서는 파괴적인 비즈니스를 만든 것이다.

반면 따라하는 비즈니스는 성공한 서비스 모델을 그대로 답습한다. 아이폰의 성공 이후에 이를 모방하는 대표적인 기업이 삼성전자이다. 삼성전자는 아이폰과 같은 웨이브폰을 만들고, 아이폰에 탑재된 아이폰 OS와 같은 바다 OS를 개발했다. 애플의 성공 모델을 그대로 답습하는 것이다. 물론 이러한 라이크(Like) 전략이 실패한다는 것은 아니다. 성공 공식이 드러난 모델을 그대로 답습하는 미투(me

INSIGHT _ 혁신을 위한 기업의 시스템

결국 기업은 끝없는 혁신을 해야만 지속적인 성장이 가능하다. 끊임없는 혁신을 위해 필요로 하는 것은 시스템의 후원이다. 기존의 성공한 모델과 상품에 만족하지 않고 새로운 것에 도전하고 시도하려는 구성원들의 태도가 필요하다. 그런데 대부분의 기업은 변화하려는 직원들의 태도를 현재의 업무에 부정적이고, 비판적으로 평가절하하는 경우가 많다. 그렇기 때문에 혁신은 시스템의 도움을 필요로 한다.

사내에 끊임없이 호기심과 비판의 시각으로 현재 하는 일에 대해서 다시 생각하고, 다르게 고민하는 분위기가 필요하다. 혁신하고자 하는 동기부여를 할 수 있도록 자유로운 분위기와 유연한 수용 창구 그리고 이를 행동에 옮길 수 있는 조직적인 지원 등이 있어야 한다. 이러한 준비없이 혁신만 부르짖으면 직원들은 패배감과 무력감에 사로잡혀 오히려 지금 하는 일조차도 열정적으로 임하지 못하게 된다.

too) 전략을 통해 성공한 사례가 MS의 소프트웨어(윈도우, 오피스 등)이다. 단, 답습하는 비즈니스는 마진을 낮춰 가격 경쟁력을 갖추기 때문에 박리다매를 추구해야 한다. 또한 게임의 법칙을 스스로 만든 것이 아닌 따라한 것이기에 시장이 급변하면 금새 모방하기 어려운 한계를 가지고 있다.

제3의 혁신을 가져올 태블릿

처음 애플의 아이패드가 출시되자 많은 전문가들이 아이폰을 크게 늘려 놓은 경쟁력없는 제품이라 평가절하했다. 특히 넷북과 비교하며 컴퓨터로써 사용할 수 없을 만큼 입력이 불편하고 성능이 부족한 제한된 기기라고 비판했다. 하지만 아이패드는 출시 2개월 만에 200만 대 이상이 판매되면서 아이폰보다 더 빠른 속도로 보급되고 있다. 그와 동시에 7~10인치의 태블릿이 재주목을 받고 있다. 태블릿이 또 다른 혁신을 가져올지 주목된다.

전자책이 갖는 한계

『성공기업의 딜레마』라는 책을 보면 와해성 혁신은 혁신적 기술이 어설픈 기술을 덮어 버리는 것을 뜻한다. 그러한 사례의 대표적인 것이 바로 시티폰이다. 유선전화 시장에서 무선전화 시장으로 변하는 과도기에 삐삐는 그나마 훌륭한 보완제로 한 시기를 풍미했지만, 시티폰은 와해성 혁신의 휴대폰에 밀려 금새 자취를 감추고 말았다. 전자책이 아이패드와 같은 태블릿으로 인해 대표적인 희생양이 되는 것은 아닐까?

전자책의 장점은 아날로그의 무게를 줄여주었다는 점에서 찾을 수 있다. 또한 배달될 때까지 기다리지 않고 매장에 직접 갈 필요없이 클릭 한 번으로 보고 싶은 책을 바로 다운로드 할 수 있다는 신속성도 갖추고 있다. 그런데 이 정도의 유용함으로 서재에 꽂아둔 책

그림 04 - 02
전자책 킨들에 등록된 전자책의 수량과 아이패드에 등록된 수량의 차이

을 버리고 전자책을 애용하고 싶은 마음이 들진 않는다. 이미 수백 권이나 구매한 책은 전자책에서 볼 수 없는데다가 원하는 책이 아직 전자책으로 제공되지 않는 경우도 많기 때문에 전자책을 들고 다닐 일이 적다.

또한 전자책은 아날로그 활자가 인쇄된 종이를 디지털로 가볍게 만든 것일 뿐 그 활자를 살아 숨쉬게 하진 못했다. 전자책 속에 들어간 활자는 그저 종이에서 보던 활자일 뿐 새로운 체험이나 감동을 주지 못한다. 마치 시티폰이 공중전화 근처에서만 통화할 수 있는 제한된 것이었던 것처럼 전자책은 반쪽짜리 디바이스(단말기 혹은 하드웨어)이다. 게다가 전자책은 일반 책과 비교해서 투자해야 하는 비용(단말기 구매)과 구매 가능한 서적이 제한적이라는 한계도 가지고 있다.

새로운 스크린에 대한 기대와 우려

2010년 1월 말 애플은 아이패드라는 새로운 시장을 열어줄 MID(Mobile Internet Device)를 출시했다. 블루오션이 보이지 않는 MP3P 시장에 아이팟을 처음 출시했던 때처럼, 휴대폰 거대 시장에서 아이폰을 출시했던 때처럼, 아이패드 역시 전문가들의 평가는 엇갈렸다. 컴퓨터가 아닌 아이패드에 실망하는 목소리부터 새로운 콘텐츠 기기라는 의견까지 다양하다. 과연 아이패드는 아이팟이나 아이폰처럼 새로운 기회와 시장을 창출해줄 수 있을까?

아이패드에 대한 일부의 비판들은 신랄했다.

"USB도 없고, 메모리 확장도 불가능하다."

"컴퓨터처럼 여러 프로그램을 동시에 실행하는 멀티태스킹이 되지 않는다."

"아이폰 OS가 탑재되어 컴퓨터처럼 사용할 수 없다."

"카메라가 없어 화상통신을 할 수 없다."

"웹 브라우저에서 플래시를 사용할 수 없는데다, 한국에선 엑티브 X도 안 되니 결제를 할 수 없다."

그러나 다른 한편에서는 역시나 애플이라며 칭송이 대단하다.

"복잡한 컴퓨터 사용을 어려워하는 사람에게 좋은 기기이다."

"침대나 소파에서 사용할만한 작은 노트북으로 딱이다."

"회의나 발표할 때에 그만이다."

"잡지, 책, 신문, 영화, 음악을 보는데 이만한 것이 없다."

애플은 아이패드의 포지셔닝을 아이폰과 맥북(노트북)의 중간으로 보고 있다. 즉, 노트북이나 컴퓨터와 같은 강력한 컴퓨팅 기기가 아닌 콘텐츠와 서비스를 소비하는 기기로 포지셔닝하고 있다. 복잡하고 강력한 컴퓨팅 성능을 필요로 하는 콘텐츠의 생산과 편집 등은 데스크탑 등을 통해서 수행하고, 아이패드는 이렇게 생산되는 콘텐츠를 소비하고 인터넷 서비스를 사용하는 단순한 기기로 포지셔닝하는 전략이다. 과연 이 전략이 사용자, 정확하게 말하면 대중을 만족시킬 수 있을까?

이미 데스크탑과 노트북 그리고 넷북 시장은 포화 상태이다. 애플이 아이패드를 노트북이나 데스크탑의 대체제로 생각했다면 블루오션의 창출이 어려울 것이다. 전혀 다른 시장을 바라보았기 때문에 오히려 성공의 가능성이 있는 것이다. 물론 성공의 가능성이 높아진 것이지 성공의 확신이 있다고 말하기에는 아직 성급하다.

아이패드는 아이폰의 크기를 늘려 놓고(1024x768의 해상도와 9.7인치의 디스플레이) 더욱 막강한 CPU와 확장성(독(dock, 액세서리 연결장치)을 활용해 키보드와 외부 디스플레이 장치 연결)을 갖추고 있다. 아이폰에서 사용할 수 있는 20만 개의 앱스토어 어플과 아이튠스의 콘텐츠 그리고 아이북 스토어를 통해 아이패드에 어울리는 콘텐츠를 사용할 수 있다. 단, 맥북에서 사용하던 응용 프로그램을 사용할 수는 없다. 또한 노트북의 막강한 확장성(USB를 활용한 다양한 주변기기의 연결)을 지원하지도 않는다.

아이패드는 노트북과는 다른 존재인 것이다. 우리의 라이프 스타일에 새로운 체험을 가져다줄 기기이다. 아이패드는 노트북을 보완하는 기기로써 자리매김할 것으로 예상된다. 그렇다면 우리는 언제 아이패드의 필요성을 느낄까?

1. 소파나 침대에서 가볍게 콘텐츠를 읽고 싶을 때.
2. 인터넷에서 요리 레시피를 뒤져 주방에서 요리하며 레시피를 참고하고 싶을 때.
3. 식사하면서 미국 드라마를 보고 싶을 때.
4. 비행기나 버스에서 발표자료나 데이터, 일정과 메일을 확인할 때.
5. 시간이 날 때 구글 리더나 유투브 동영상으로 PC에서 마음에 둔 콘텐츠들을 볼 때.
6. 회의하면서 회의록을 정리하거나 키노트로 작성해둔 자료를 프레젠테이션 할 때.

7. 빠르고 역동적인 화면으로 게임을 즐기고 싶을 때.

웹 서핑과 메일 확인, 일정 확인 그리고 다양한 종류의 콘텐츠를 소비하는 용도로 아이패드가 사용될 것이다. 이 모든 것은 이미 아이폰 혹은 노트북 등으로 할 수 있는 일이다. 단, 아이패드가 주는 가치는 위의 모든 것을 아이폰보다는 더 강력하게, 노트북보다는 더 편리하게 할 수 있다는 점이다. 특히 아이패드의 차별화는 접근이 쉽다는 것이다. 아이패드에서 사용할 수 있는 콘텐츠는 기존 컴퓨터에서는 쉽게 접근하기 어렵고, 편리하게 사용하기 어렵던 것들이다. 이를 위해 애플은 아이튠즈와 앱스토어 그리고 아이북 스토어를 통해서 아이패드에 어울리는 콘텐츠를 충분히 소싱해야만 한다. 그런 이유로 아이패드는 넷북과 PMP 등의 어중간한 디바이스들의 대체재이자 노트북(데스크탑)의 보완재로 자리잡을 것이다.

특히 아이패드는 콘텐츠 제작자들, 저작권자들에게 새로운 시장을 열어줄 것이다. 인터넷 포털을 거치지 않고 애플의 콘텐츠 유통 플랫폼을 통해서 아이폰, 아이패드, 맥에 다양한 종류(동영상, 음악, 팟캐스트, 잡지, 신문, 책, 게임, 어플 등)의 콘텐츠와 서비스가 유통될 것이다. 아이패드는 인터넷 플랫폼 사업자인 포털에게 가장 큰 위협이 될 것이다.

아이패드가 보여준 새로운 세상

아이패드와 함께 태블릿 열풍이 불고 있다. 삼성전자는 갤럭시탭, LG전자와 Dell, HP 등도 앞다퉈 7~10인치 태블릿을 개발하며 아이패드의 뒤를 쫓고 있다. 아이패드는 전자책과 비교가 되지 않을 만큼 새로운 체험과 다양한 기능을 제공한다. 반쪽짜리 전자책의 기능을 아이패드와 같은 태블릿이 흡수하고 있다. 전자책은 책을 보기에는 최적화되어 있다. 전자 잉크 덕분에 배터리 걱정없이 뛰어난 가독성으로 글을 읽을 수 있다. 또한 전자책의 진화와 함께 책 이외에 잡지, 만화, 신문 그리고 간단한 웹 서핑 등을 할 수 있는데다 컬러 전자 잉크의 준비도 이루어지고 있다.

하지만 이미 전자책을 넘어선 와해성 혁신을 달성하고 있다. 아이패드는 전자책의 용도를 포함하는 것은 물론 새로운 감동도 선사한다. 전자책에서는 느끼기 어렵던 책, 잡지, 신문을 보는 색다른 체험을 제공하고 있다. 비록 전자책보다는 활자를 읽는 가독성이나 편리함이 아쉽지만, 전자책과 기존 책이 주지 못하는 새로운 감동을 준다. 그런 이유로 아이패드는 출시 2개월 만에 미국에서만 1주일에 20만 대가 팔렸다. 이 수치는 맥 PC가 11만 대, 아이폰3GS가 25만 대인 것과 비교하면 상당한 수치이다.

사실 PC를 사용하기 시작하면서 30인치의 TV 스크린을 보는 시간이 줄어들었다. 하지만 3인치 스마트폰은 PC나 TV의 사용 시간에 치명적인 영향을 주고 있지는 않다. 그 이유는 사용하는 공간이 다르기 때문이다. 10인치의 아이패드는 소파와 침대 위에서 사용하면서 컴퓨터와 TV의 사용 시간을 줄여주는 것으로 조사되고 있다. 무엇보다 간단한 웹 서핑과 동영상 시청(유튜브 등) 그리고 게임을 하는데 상

QR코드 017
http://goo.gl/Qv2P
아이패드용
와이어드 잡지
동영상

당한 시간을 소비한다. 스마트폰에서의 킬러앱인 트위터와 지도 등은 손이 덜 간다. 트위터같은 단문을 보기에는 오히려 작은 화면이 집중도와 가독성 면에서 더 뛰어나다. 지도의 경우도 넓은 화면에서 쾌적하게 볼 수 있음에도 불구하고 지도의 사용 목적이 즉각적으로 필요한 위치 정보를 보기 위한 것이다 보니 스마트폰에서 주로 사용하게 된다. 물론 가장 훌륭한 아이패드 킬러앱은 아이북, 잡지, 신문 등의 콘텐츠와 게임, 웹 서핑, 동영상 시청 등을 주로 사용하게 된다.

QR 코드 018
http://goo.gl/giS2
아이패드, 아이폰4의 판매 추이

하루 24시간이 유한하다 보니 PC를 사용하는 시간이 늘면 자연스럽게 TV를 보는 시간이 줄기 마련이다. 아이패드를 보는 시간이 늘면 PC를 사용하는 시간 또한 줄어들 것이다. 하지만 스마트폰과 사용 시간대와 장소가 다르기 때문에 스마트폰의 사용 시간에 큰 영향을 주지는 않을 것으로 보인다.

아이패드는 컴퓨팅 기능이 부족한데 입력장치의 제약으로 인하여 문서 작업을 하는데 제한이 많다. 비록 키노트, 페이지, 넘버스 등의 오피스 어플들과 각종 문서 편집툴, 구글 독스 등을 이용해 문서 뷰어와 작성, 편집 등의 기능이 제공되지만 제대로 된 문서 작성은 불가능하다. 그것은 마치 속기를 해야 하는 메모장에 볼펜이 아닌 붓으로 글을 쓰는 것과 같은 느낌이다. 별도로 설치하는 키노트도 맥 키노트에서 작업한 것을 100퍼센트 온전하게 보여주진 못한다. 일부 애니메

QR 코드 019
http://goo.gl/Zohs
아이패드용 유튜브 동영상

INSIGHT _ 아이패드에 대한 몇 가지 상식

1. 아이패드의 충전은 일반 PC의 USB로는 안 되며 맥북 또는 AC 어댑터를 통한 직접 충전만 가능하다.
2. 와이파이 버전의 아이패드에는 GPS가 내장되어 있지 않다.
3. 아이패드 액세서리를 별도로 구매하면, 아이패드에 프로젝터를 연결해서 키노트, 유투브 등을 출력할 수 있다.
4. 아이폰용 어플들을 아이패드에도 설치할 수 있다. 기존 아이폰에서 구매한 어플을 같은 아이튠즈 계정을 이용하면 무료로 아이패드에도 설치할 수 있다.
5. 아이폰용 어플들은 480x320의 작은 크기로 아이패드에서 보여지며, 화면을 1024x768로 확대해서 사용할 수 있다. 그러나 단순 확대이기 때문에 글자나 이미지에 계단 현상이 발생한다.
6. 아이폰 OS 4.0의 아이패드에서는 한글을 볼 수는 있지만 한글 입력이 지원되지 않는다.

이션 기능에 에러가 발생하거나 파일 용량이 큰 경우에 아이패드 키노트에서 변환하는데 시간이 걸린다.

간단한 웹 서핑과 댓글 쓰기 정도는 문제가 없고 플래시 미지원과 액티브X 기반의 웹 사용에는 카페, 블로그, 뉴스 등의 웹 서핑을 하는데도 무리가 없다. 메일, 캘린더, 검색, 사전, 문서 뷰어 등의 업무 관련 기능을 사용하는데도 적합하다. 아이패드가 컴퓨터, 노트북을 대체할 수는 없지만 사용 시간을 줄이는데 큰 영향을 줄 것으로 예상된다. 아이패드는 손에 드는 비즈니스 기기로 가능성을 활짝 열 수 있을 것으로 예상된다. 넓은 아이패드에서 보는 Things와 에버노트 그리고 Air Sharing Pro는 업무 생산성을 높여준다.

스마트TV가 가져다줄 과거의 기억

애플TV, 구글TV의 출시와 함께 TV 시장의 대변혁이 예고되고 있다. PC나 휴대폰과 달리 TV는 한 번 구입하면 5년 이상을 사용한다. PC는 3년, 휴대폰은 약 1~2년인 것을 보면 TV는 교체주기가 길다. 그렇다 보니 TV의 변화 속도는 느리기 마련이다. 그런 TV 시장에 스마트TV가 어떠한 변화를 가져다 줄 수 있을까.

TV 시청 행태의 변화

필자는 거실에 400만 원이 훌쩍 넘는 비용을 들여 홈씨어터를 설치한 지 올해로 6년째가 넘고 있다. 하지만 거실의 TV는 1년에 손가락으로 꼽을 정도로 켜질 않는다. 대부분 서재의 컴퓨터나 안방에 있는 작은 TV를 통해서 텔레비전을 시청한다. TV를 보는 습관이 변한 것이다. 웹 서비스의 대중화와 함께 TV 시청 시간이 줄어든 것은 사실이지만, 웹이 TV의 경쟁자만은 아니다.

온가족이 모여 TV를 보면서 이야기를 나누는 것이 TV를 보는 진정한 즐거움이다. 슬픈 드라마를 보고 울 때, 개그콘서트를 보고 웃고 떠들 때, 옆에 누군가와 같이 해야 슬픔은 나누고, 즐거움은 배로 느낄 수 있다. 바쁜 현대사회에서 함께 TV를 시청할 여유가 점차 사라졌다. 이제 온라인이 과거 함께 TV를 보며 수다를 떨던 즐거움을 대신해 줄 것이다.

거실에 있던 TV가 안방으로 들어오면서 침대에 누워 TV를 보는 경우가 늘고 있다. 무릎 위에는 노트북이 올려진다. 노트북으로 카페나 트위터, 미투데이 등을 열어두고 현재 보고 있는 TV 프로그램에 대해 수다를 떤다. 최근에는 노트북보다 가볍고 편한 스마트폰을 손바닥 위에 올려두고 TV를 시청하며 온라인 친구들과 수다를 떤다. 비록 같은 공간에는 없지만 한 화면을 동시간대에 시청하면서 멀리 떨어진 사람들과 방송 중인 프로그램을 볼 수 있다. PC에 TV 카드를 이용해 TV를 시청하며 온라인으로 연결된 다른 사용자와 이야기를 나눈다.

아프리카와 같은 프로그램을 이용하면 생방송으로 같은 영상을 보면서 수십 명, 수백 명이 함께 이야기를 나눌 수 있다. 마치 커다란 광장에서 월드컵 경기를 보며 응원을 하는 것처럼 아프리카에 모여서 채팅으로 수다를 떨며 TV를 보는 즐거움을 느낄 수 있다.

매스미디어와 온라인의 만남

매스미디어와 온라인의 만남은 새로운 매스미디어의 소비를 만들어내고 있다. 일본의 트위터 사용자들이 애용하는 트윗텔러(트왓TV http://twtv.jp)는 주요 방송 채널별로 현재 방송되는 프로그램에 대해 트위터를 이용해 시청자들이 이야기를 나눌 수 있도록 해준다. 실시간으로 현재 방송되는 프로그램에 대한 시청자들의 의견을 들을 수 있는 기회이다. 포스퀘어는 위치 기반의 소셜 네트워크 서비스로, 최근 브라보TV와 제휴를 맺어 브라보TV의 인기 쇼에서 소개한 장소들을 포스퀘어를 이용해 사용자들이 직접 방송에 참여할 수 있도록 유도하고 있다.

재작년에 미국 출장을 갈 때의 일이다. CNN에서는 뉴스 보도 시에 트위터나 CNN 홈페이지를 통해 시청자들과 소통하려고 노력한

그림 04-03
트윗TV의 모습

다. 또한 국내의 각 방송사 홈페이지에는 프로그램별 게시판이 있고, 그 게시판에는 방송이 끝나면 시청자들의 즉각적인 반응들이 게시물로 쌓인다. 이 같은 시청자들과의 소통이 방송사 홈페이지 중심에서 외부의 다양한 채널(카페, 트위터 등)로, 방송 후에서 방송 중(실시간 채팅)으로 바뀌어가고 있다. 이러한 TV 시청 방법의 변화는 그간 포털 중심의 미디어 소비 행태에 전환점이 될 수 있다. 물론 기존 매스미디어가 이러한 신호탄을 이해해서 제대로 된 대응을 했을 대의 일이다. 아이팟(아이튠즈)이 음반 시장에 새로운 변화를 몰고 온 것처럼, 아이패드가 잡지, 신문, 책 등의 콘텐츠 소비에 새로운 체험을, 스마트폰과 SNS 등은 매스미디어의 소비 체험에 새로운 변화를 가져다줄 것으로 기대된다.

구글의 스마트TV가 주는 기회

구글의 TV 발표(http://goo.gl/KTQA) 이후 애플이 99달러 TV를 출시한다는 소문이 들리고 있다. 휴대폰 시장에 혁신을 보여준 두 기업이 이제 TV를 겨냥해 포문을 열고 있다. 구글은 소니, 인텔과의 전략적 파트너십을 기반으로 로지텍, 베스트바이, 디시네트워크, 어도비 등의 기업과 구글 TV 제휴에 참여하고 있다. 통신시장에 이어 방송시장까지 무한경쟁의 시대가 도래했다. 인터넷, 휴대폰, TV 이 모든 산업이 수직통합화되고 있으며, 글로벌 경쟁으로 확대되고 있다.

과연 TV의 미래는 어떻게 바뀔까? 30년 넘게 우리의 가장 막강한 매체력을 발휘하는 TV가 디지털 시대, 스마트 시대를 맞아 어떤 변화를 하게 될까? 사실 IPTV나 디지털TV는 성공을 말하기엔 이르고, 3D TV는 거품이 많다. 하지만 구글과 애플의 움직임으로 스마트 TV에 대한 기대가 큰 것이 사실이다. 이들의 움직임으로 우리 거실에 삼성전자의 TV가 아닌, MBC가 아닌, 전혀 새로운 TV와 방송이 자리를 차지할 수 있을 것인가?

구글이나 애플의 TV 전략은 과거의 밸류체인을 깨뜨리는 것은 물론 TV 박스에서 보여지던 콘텐츠마저 바꾸는 것이다. 그간 유투브, 훌루닷컴, 넷플릭스와 같은 인터넷 서비스들이 TV를 WWW로 가져왔다면, 구글 TV는 인터넷을 TV로 가져오는 시도를 할 것이다. 기존 TV에서 리모콘으로 채널을 위아래로 바꿔가며 보는 시청 습관보다는 원하는 채널을 검색하고, 프로그램을 찾고, 인물을 찾는 검색이 더 편한 TV이다. 번호 기반의 채널로 시청하는 On Air 방송 외에도 유투브와 넷플릭스 등을 통해 인터넷에 존재하는 수많은 동영상을 볼 수 있다. 물론 시청 중에 필요로 하는 정보를 검색하는 것도 가능하다.

QR 코드 020
http://goo.gl/3xKS
99달러짜리
애플TV

이미 신문은 인터넷으로 인하여 과거의 브랜드를 잊게 되었다. 우리는 포털에서 뉴스를 소비할 뿐 그 뉴스를 제공하는 신문사를 인지하지 못한다. 신문의 브랜드는 갈수록 위태로워지고 있는 것이다. TV의 채널 브랜드도 이 같은 스마트 TV의 등장으로 인해 내일을 장담할 수 없다. 거실의 TV에서 멀어지고 방

 INSIGHT _ 콘텐츠와 서비스의 컨버전스

방송과 통신의 융합, 하드웨어·소프트웨어·네트워크의 컨버전스 시대를 맞아 콘텐츠와 서비스 간에도 통합의 바람이 불고 있다. 음악을 듣고, 영화를 보고 휘발성으로 잊는 것이 아니라 이러한 경험을 서비스와 연계하는 시도가 늘어가고 있다. 대표적인 것이 페이스북의 iLike와 네이버의 블로그DJ(http://music.naver.com/blogdj.nhn)이다. 페이스북의 iLike는 특정 인터넷 페이지에 수록된 콘텐츠를 다른 사람들에게 추천하고 공유할 수 있도록 해준다. 블로그DJ는 즐겨 듣는 나만의 음악을 취합, 정리해서 다른 사용자들과 쉽게 공유할 수 있도록 해준다. 이러한 서비스들은 콘텐츠를 혼자가 아닌 다른 사용자들과 쉽게 공유하고 즐길 수 있도록 해준다.

트윗믹스(http://tweetmix.net), 트윗TV(http://twtv.jp), 딕닷컴(Digg.com) 등은 콘텐츠의 소비와 유통을 서비스로 승화시킨 대표적인 서비스들이다. 트윗믹스는 트위터에서 게재된 트윗 중에서 많은 사람들의 입소문으로 전파되는 콘텐츠만을 발췌해서 트위터의 이슈가 무엇인지 한눈에 알 수 있도록 보여준다. 트윗TV는 일본의 서비스로, TV에서 중계되는 방송에 대해서 트위터 사용자들이 실시간으로 의견을 나누며 수다를 떨 수 있도록 해준다. 딕닷컴은 인터넷상에 수록된 페이지에 대해서 사용자들이 자유롭게 의견을 나누고 이슈를 발굴할 수 있도록 해주는 서비스이다. 이 서비스들은 콘텐츠를 서비스로 발전시킨 대표적인 인터넷 사이트들이라 할 수 있다.

의 PC로 가까워지는 요즘, TV가 거듭나기 위해서는 변화가 필요하다. 그 변화가 구글이나 애플이 추구하는 스마트 TV가 될지, TV 제조업체가 꿈꾸는 3D, 디지털 TV가 될지, 방송사·통신사들이 고민하는 다채널의 IPTV가 될지 주목된다.

TV의 경쟁력은 콘텐츠에서 나오고, 콘텐츠는 아무래도 거대 프로덕션이나 공중파 방송의 영향력이 클 것으로 예상된다. 그렇기 때문에 구글이나 애플 TV가 성공하려면 기존 메이저급 콘텐츠 제작·제공업체와 어떻게 파트너십을 맺을 것인가에 따라 결정될 것이다. 그 다음이 인터넷 접근성이다. 그런데 인터넷 접근성은 꼭 TV가 아닌 스마트폰이나 아이패드를 통해서도 해결이 가능하다. 멀리 떨어진 TV보다는 손이나 무릎 위에 올려둔 3~9인치 스크린에서 부가정보를 보는 것이 더 편리하다. 그런 만큼 차세대 TV의 경쟁력은 인터넷 부가서비스와의 연계 기능보다는 방송사의 콘텐츠를 더 선명하고 인터랙티브하게 즐길 수 있느냐가 핵심적이다. 그런 면에서 기존 TV 제조업체가 갖는 경쟁력이 더 크다고 볼 수 있다. 이미 제조사들은 방송사와 수십 년간의 암묵적인 공생관계 속에서 급변하는 TV 시대에 빠른 대응을 할 수 있는 협력 관계를 갖추고 있다.

다만 구글TV의 에코 시스템이 어떤 위력을 보여줄지가 관건이다. 그동안 TV와 앱스토어 모두 초팔레토의 법칙이 적용했다. (팔레토 법칙이란 80%의 매출을 20%의 소비자가 일으킨다는 의미이다. 초팔레토란 팔레토의 법칙보다 쏠림 현상이 더 심하다는 것을 저자가 임의적으로 표현한 것이다.) 인터넷처럼 롱테일이 존재하기 어려운 시장이었다. 이 시장이 롱테일로 바뀐다면 구글의 스마트 TV가 애플이 보여준 아이폰과 같은 혁신을 TV 시장에 보여줄 수 있을 것이다. (애플의 TV는 구글과 달리 3-스크린 전략으로써 PC, 아이폰(아이패드)을 아울러 이들 기기에서의 연계 강화 측면으로 접근했다.)

참고로 Y-STAR에서 시작한 '디시인사이드 쇼'는 인터넷과 TV가 만나는 새로운 시도를 보여주고 있다. 인터넷과 TV의 만남이 꼭 디바이스의 혁신이나 새로운 플랫폼을 통해서만 보여줄 수 있는 것은 아니다. 기존 매체가 유지된 채 아이디어의 발상을 통해서도 TV와 인터넷이 훌륭하게 결합된 모습으로 재탄생할 수 있다.

II 갈라파고스 군도로 고립된 한국 모바일

한국은 세계적으로 유례없는 성공적인 IT 인프라를 갖추며 인터넷 강국으로 빠르게 성장했다. 한국의 WWW를 1차적으로 성공하게 만든 배경에는 1998년에 보급되기 시작한 정액제의 두루넷 케이블 모뎀이 있다. 또한 2007년 세계 최초로 3G(HSDPA)를 전국망으로 서비스하며 무선 인터넷 강국의 면모를 유감없이 보여주었다. 하지만 그럼에도 불구하고 한국의 모바일은 활성화되지 못한 채 수년간을 침체의 늪에서 헤어나오지 못했다. 그 이유와 향후의 변화 전망을 살펴보자.

05
우물 안 개구리가 된 한국 모바일 시장

한국의 모바일 시장이 우물 안 개구리 신세가 된 이유는 쓸만한 스마트폰과 훌륭한 OS가 없었기 때문이다. 제대로 된 모바일 플랫폼의 부재가 한국 모바일 시장을 황폐하게 만든 것이다. 물론 2000년대 초부터 모바일 플랫폼의 개발을 위해 정부까지 나서며 WIPI라는 플랫폼을 주도했지만 모두 실패로 돌아가고 말았다.

아이폰의 늦은 한국 진출 배경

전화기 시장을 유선과 무선으로 나눈다면 휴대폰 시장은 아이폰 전과 아이폰 후로 나눌 만큼 아이폰이 주는 상징적 의미는 크다. 한국에 아이폰이 늦게 출시된 이유는 아이폰의 와해성 혁신이 기존에 시장을 지배하고 있던 사업자에게 큰 위협이 되었고 그렇기 때문에 이동통신사들이 거부한 것이다.

아이폰 이전의 한국 모바일 시장

휴대폰을 구입하기 위해서는 이동통신사 대리점을 거쳐야 한다. 거리에서 주운 휴대폰이나 해외에서 구매해온 휴대폰은 바로 사용할 수 없다. 그것은 이동통신사가 휴대폰을 제조사에서 구매해서 사용자에게 재판매하기 때문이다. 우리가 휴대폰을 싸게, 심지어는 공짜로 구입할 수 있는 이유는 이동통신사가 제조사에 휴대폰을 구매해 보조금을 지원해서 공급하기 때문이다. 이 보조금의 규모가 연간 6조 원에 이른다. 물론 이 비용은 결국 사용자들에게 통신요금 등에 포함되어 부과된다. 사실 휴대폰을 싸게 사는 것이 아니다. 사용자들은 저렴한 가격에 휴대폰을 구입해서 좋을 것 같지만, 여러 폐단이 등장하게 된다.

만일 PC를 구입했는데 KT의 초고속 인터넷만 사용해야 하고, 네이버만 연결할 수 있다고 하면 어떨까? PC는 어디서든 구입할 수 있다. 심지어 해외에서 구매한 컴퓨터를 국내에서 사용하는 것도 가능하다. 초기 PC의 가격은 비쌌지만 자율경쟁에 의해 컴퓨터 가격은 매년 하락하고 있다. 오히려 지금은 PC보다 휴대폰 가격이 비싸다. 그 비싼 휴대폰을 이동통신사가 보조금을 지급하며 저렴하게 구입할 수 있도록 지원을 해주는 대신에 우리는 그 이동통신사와 1~2년간 약정을 맺고 사용해야만 한다. 이것이 발목을 잡아 그 이동통신사에서 구입한 휴대폰은 다른 이동통신사에서 사용할 수 없다. SKT에서 휴대폰을 구입하면 SKT의 서비스만을 사용해야 한다. 이 같은 제약은 사용자들의 선택권을 제한하게 된다.

반면 유럽이나 미국의 경우는 제조사나 이동통신사와 무관하게 휴대폰을 구매하고 사용할 수 있다. 휴대폰을 PC 구입하듯 구매해서 초고속 인터넷을 선택해서 가입하듯 통신사에서 구매한 USIM을 꽂아 사용할 수 있다. 물론 다른 이동통신사의 USIM을 바꿔 꽂으면 통신사를 변경해서 사용할 수 있다. 휴대폰을 다른 것으로 교체해서 기존 USIM을 꽂아 사용하는 것도 가능하다. 하지만 한국은 USIM을 자유롭게 교체하며 사용한 지가 불과 2년 밖에 되지 않았다. 다행히 2008년 7월 USIM의 잠금장치 해제 의무화가 정부 시책으로 발표되면서 SKT에서 구매한 휴대폰에 KT의 USIM을 꽂아 사용할 수 있게 되었다. 그러나 이러한 사실은 널리 알려지지 않았고 제약이 많아 활성화되지 못했다.

아이폰은 이러한 한국의 폐쇄적인 통신 환경을 변화시켰다. 2009년 11월 아이폰 출시 이전부터 얼리어답터들은 해외에서 구매한 아이폰, HTC의 G1, G2 등의 외산폰을 국내에 반입해 사용하곤

INSIGHT _ SKT를 통한 아이폰의 사용

아이폰은 KT를 통해서 판매되고 있지만 SKT 사용자들도 아이폰의 사용이 가능하다. 사실 KT가 국내 아이폰을 판매하기 이전에도 한국에서 SKT든 KT든 상관없이 아이폰을 사용할 수 있었다.

첫째는 해외에서 언락폰(이동통신사의 약정없이 구매한 폰, 주로 홍콩에서 판매)을 구매해오는 것이다. 그 후 한국에서 전파인증을 받고 이 필증을 가지고 SKT 혹은 KT 대리점에 가서 가입 신청을 하면 된다.

둘째는 KT 아이폰을 구매한 이후에 가입한 월의 다다음달부터 USIM 기기 보호가 해제되므로 그때부터 SKT USIM을 아이폰에 꽂아 사용할 수 있다. 단, KT를 통해 가입한 아이폰은 2년간의 약정 때문에 가입해지를 할 수는 없다. 기존 KT 아이폰에 꽂혀 있던 USIM은 다른 휴대폰에 꽂아서 사용하면 된다.

했다. 아이폰이 출시되면서 스마트폰의 유용함과 사용성을 알게 된 사용자들은 그간 누릴 수 없었던 통신의 자유에 대한 강력한 요구를 하게 되었고 이는 규제없는 통신환경을 만드는 촉매제가 되었다.

아이폰이 바꾼 한국의 규제들

아이폰이 국내에 출시되면서 한국의 통신 환경에 적지 않은 영향을 끼쳤다. 사실 아이폰을 국내에 출시하기 위해서 많은 걸림돌이 있었다. 한국에서 판매되는 휴대폰에는 위피라는 한국 모바일 플랫폼이 반드시 설치되어야만 했다. 그런데 애플의 정책은 세계적으로 판매되는 아이폰을 각 국가의 특성에 맞게 지역화를 하지 않는 것으로 유명하다. 2009년 4월, 의무가 해제되면서 국내에 위피 외국의 스마트폰이 국내에 수입될 수 있는 여건이 조성되었다. 사실 위피의 탑재는 그만큼 외산 단말기의 국내 반입을 막는 걸림돌이 되었을 뿐 아니라 스마트폰의 안정적 작동에 영향을 주었다.

이후 또 다른 걸림돌이 아이폰 국내 출시의 발목을 잡았다. 바로 위치 정보법이다. 위치 정보법은 위치 정보 사업자 허가와 위치 기반 서비스 사업자 신고를 통해서만 위치 정보와 관련된 서비스를 할 수 있는 규제법이다. 그런데 아이폰에는 A-GPS 기능을 통해서 위치정보와 연계된 서비스를 할 수 있는 다양한 어플들이 있어 한국의 지사인 애플코리아에서 위치 정보 사업자의 허가를 받지 않으면 서비스 전개가 어려웠다. 이러한 문제가 심각해지자 방송통신위원회는 이 법의 해석을 완화해 KT가 이미 위치 정보 사업자, 위치 기반 서비스 사업자로서의 자격을 갖추고 있기에 자사의 서비스로 위치

QR 코드 021
http://goo.gl/LWmH
한국 내 스마트폰의 규제

서비스를 이용약관에 포함시킬 경우, 아이폰의 국내 출시가 가능하다고 함으로써 이 문제는 일단락되었다. 그리고 애플은 애플코리아를 통해 위치 정보 사업자와 서비스 사업자로 등록해서 아이폰이 출시될 수 있었다.

이러한 규제는 공인증서 사용을 의무화한 전자금융감독규정에도 이어진다. 인터넷 뱅킹이나 신용카드 결제를 하기 위해서는 공인인증서를 사용해야만 한다. 그런데 공인인증서가 MS의 액티브X 기반이라 스마트폰에서는 이를 이용할 수 없었다. 아이폰 출시 이후 금융결제원은 전자금융감독규정을 완화해 2010년 4월부터 30만 원 이하의 모바일 결제 시에는 공인인증서를 사용하지 않도록 했다. 또한 7월부터는 일정 요건만 갖추면 거래 한도를 정해 모바일 금융 거래를 할 수 있도록 했다.

또한 아이폰 앱스토어와 안드로이드 마켓도 규제에 부딪쳤다. 국내에 출시되는 게임물은 당국의 사전심사를 받아 등급을 표시해야만 하는데 앱스토어나 안드로이드 마켓은 글로벌한 마켓이기에 특정 나라의 사전심의를 받는 것이 현실적으로 불가능하다. 이러한 이유로 이들 마켓의 게임 카테고리는 한국에서 사용할 수 없도록 차단되어 있다. 이에 대한 사용자들의 원성으로 인해 문화체육관광부는 모바일 게임 심의를 게임사 자체 심의로 바꿀 수 있도록 법 개정에 나섰다.

아이폰을 선택한 KT의 용단

아이폰은 KT에 의해서 한국에 들어왔다. 일본의 경우는 소프트뱅크 모바일을 통해 들어왔다. 처음 아이폰을 판매한 미국은 AT&T가 들여왔다. 이들 통신사들은 공통점이 있는데 자국의 분야 1위 업체가 아니라는 점이다. 2위 사업자가 독점으로 아이폰을 선택한 배경은 1위 사업자가 선택하지 않았기 때문이다. 아이폰은 통신사의 기득권을 와해시키기 때문에 1위 사업자로써는 선택할 이유가 없다. 2위 사업자 입장에서는 승자독식의 네트워크 사업에서 1위를 위협해서 시장 점유율을 극대화하기 위해서 게임의 법칙을 깨는 혁신적 시도가 필요하다. 그것이 아이폰과 같은 제품을 유통하는 일이다.

KT는 2008년부터 아이폰을 국내에 들여오기 위해 노력했다. 이러한 노력은 한국의 휴대폰 점유율이 50퍼센트가 넘는 삼성전자의 심기를 불편하게 할 수밖에 없었다. 통신사는 여러 종류의 단말기를 제공할 수 있는 다양성이 있어야만 한다. KT가 아이폰을 한국에 들여오는 것은 성공했지만 정작 삼성전자의 주요 휴대폰을 공급받지 못하면 비록 스마트폰 시장에서 시장 점유율을 확보하더라도 일반 휴대폰(피처폰) 시장에서 경쟁력을 갖지 못할 수 있다. 게다가 삼성전자가 출시하는 다양한 스마트폰을 KT가 확보하지 못하면 KT는 오로지 아이폰 하나만 가지고 경쟁해야 한다.

KT는 이러한 한계를 무릎쓰고 용단을 내렸고 아이폰이 한국에 상륙했지만, KT는 삼성전자의 스마트폰을 공급받는데 차질을 빚게 되었다. 삼성전자에서 출시한 MS 윈도우 모바일 기반의 옴니아2, 안드로이드 기반의 갤럭시A, 갤럭시S 등은 KT에 공급되지 않았다.

또한 삼성전자의 갤럭시 탭(아이패드와 같은 태블릿) 역시나 SKT에만 제공되었다. KT는 아이폰의 출시로 인하여 삼성전자의 스마트폰을 공급받지 못하게 되었다.

플랫폼의 주도권을 잃은 한국 시장

KT 아이폰의 출시에 대해 혹자는 협상의 굴욕이라 부를 만큼 실패한 제휴라고 평하기도 한다. 아이폰이 한국에 모바일 시장의 활성화를 불러오긴 했지만 IT 강국이라 불리던 한국의 위상에 상처를 남긴 것은 사실이다. 아이폰으로 인하여 한국의 IT 규제는 비판에 시달렸고, 삼성전자와 SKT의 자존심에 상처가 되었다.

KT의 굴욕과 한계

아이폰 이전의 휴대폰(스마트폰)이 판매될 때에는 이동통신사와 제조사 양쪽이 모두 보조금을 지불해 저렴한 비용으로 소비자에게 판매했다. 이때 1~2년의 약정에 가입하도록 해서 소비자들에게 매월 일정 금액을 지불하도록 했다. 그러나 아이폰은 보조금을 공동 분담하지 않는다. 게다가 아이폰의 판매 가격 역시 KT의 의견보다는 애플의 입장이 더 크게 작용한다. 과거 통신사가 가지고 있던 가격결정권과 영향력이 약화된 것이다.

KT가 제시하는 아이폰에 기본적으로 탑재되는 어플에 대한 의견도 전혀 받아들여지지 않는다. 이것은 외국도 마찬가지이다. 기존에 판매되던 모든 휴대폰과 스마트폰에는 이동통신사의 선택에 의해서 특정 어플들이 기본으로 탑재되어 공급되었다. 하지만 아이폰에는 통신사의 선택에 의한 그 어떤 어플도 설치할 수 없다. 모든 것이 애플의 판단과 선택에 의해서 어플과 서비스가 결정된다. KT가 한 일은 아이폰에 탑재된 사파리(인터넷 브라우저)에 즐겨찾기로 KT 이쇼, 다음, 네이버의 모바일 웹 페이지가 등록된 정도일 뿐이다.

심지어 아이폰이 국내 판매될 때에 광고 전단지와 CF 등에 대한 구성 역시 애플의 독자적인 판단에 의한 것이다. 이렇다 보니 KT가 판매한 폰임에도 불구하고 사용자들은 KT의 고객이라기보다는 애플의 고객이나 다를 바 없다. 아이폰에는 KT의 도시락이나 쿡 인터넷 전화 등이 제공되지 않는다. 심지어 KT 고객센터 어플 또한 아이폰에 기본으로 탑재되지 않고 아이폰 앱스토어를 통해서 다운로드 받아 사용해야 한다. 반면 쇼옴니아에는 이러한 어플들이 선탑재되

 INSIGHT _ 중국의 아이폰 도입

중국은 한국보다 늦게 아이폰이 도입되었다. 중국에서도 2위 사업자인 차이나유니콤이 아이폰을 도입했다. 하지만 한국과 크게 다른 점이 있다. 차이나유니콤의 요구에 의해서 와이파이 기능을 없앤 아이폰이 중국에서 판매된 것이다. 중국에서 휴대폰이 판매되기 위해서는 전파 인증과 인터넷 접속 허가를 받아야 한다. 인터넷 접속 허가에 있어서 아이폰의 와이파이를 제거하고 3G로만 인터넷의 사용이 가능하도록 한 것이다. 애플은 차이나유니콤과의 협의를 통해 와이파이를 없앤 아이폰을 중국에 출시했다. 이것은 세계적으로 유례가 없던 일이다. 애플의 중국 허용 이유는 중국 시장의 규모가 크고 애플의 정책에 위배되더라도 중국에 아이폰을 판매해야 세계 스마트폰 시장 점유율을 높일 수 있고, 실제 중국에서의 아이폰 판매 수익도 크기 때문이다. 참고로 중국에서는 이미 아이폰의 출시 이전부터 홍콩 등에서 아이폰 언락이 상당 부분 유통되었다. 와이파이가 없는 아이폰은 출시 40일간 10만 대, 2개월간 30만 대가 판매되었다. 하지만 중국 시장보다 훨씬 작은 한국에서 출시 4개월 만에 50만 대 돌파한 것과 비교하면 작은 수치이다.

어 판매된다. KT는 아이폰 도입을 통해서 SKT의 얼리어답터 유저들을 확보하고 기업의 가치를 높였다. 또한 이들 사용자의 객단가도 높였지만, 아이폰을 도입하면서 통신사로서의 기득권과 자존심을 포기해야 했다.

아이폰이 이동통신사에 위협이 되는 이유

아이폰은 통신사의 부가가치를 빼앗아버렸다. 그것은 아이폰 그 자체가 플랫폼이기 때문이다. 기존의 윈도우 모바일 기반의 스마트폰과 일반 휴대폰은 통신사의 입김에 의해 좌지우지되는 플랫폼이었다. 통신사는 제조사에 자사의 이득에 맞게 단말기의 스펙과 그 안에 들어가는 OS 그리고 서비스를 원하는 대로 만들었다. 자사를 위한 시스템으로 폰의 외부와 내부를 철저하게 구성한 것이다. 그래서 이동통신 3사에서 출시한 삼성전자의 옴니아2가 T옴니아(SKT), 쇼옴니아(KT), 오즈옴니아(LGT)로 불리며 서로 다른 하드웨어 사양으로 출시된 것이다. 옴니아2에 포함된 어플과 서비스, UI의 구성 역시도 서로 다르다.

하지만 아이폰은 세계 어디에서든 똑같은 하드웨어 사양과 UI, 서비스, 어플로 구성된다. 통신사의 이득을 위해 아이폰의 하드웨어, 소프트웨어 그리고 서비스와 UI 그 어느 것 하나도 변경되지 않았다. 그렇다 보니 통신사는 아이폰을 팔아 자사의 고객들에게 통신사용료(통화료, SMS, 데이터 통신료) 외에 추가로 발생할 수 있는 부가 서비스(음악 서비스, 모바일 인터넷 등)에 대한 독점적 권한을 확보하지 못한다. 만일 자사의 부가가치를 극대화하려면 아이폰 앱스토어에 어플을 등록하거나, 모바일 웹 기반으로 다른 서비스 사업자들과 똑같은 자격으로 참여해야 한다.

아이폰에는 애플의 여러 서비스가 탑재되어 있다. 대표적인 것이 콘텐츠 유통 서비스인 아이튠즈이며, 어플 유통 서비스인 앱스토어이다. 그 외에도 메일, 캘린더, 주소록 등의 통합 서비스인 모바일미와 구글의 지도와 유투브, 야후의 날씨와 증권이 어플로 탑재되어 제공된다. 통신사가 기존에 제공하던 음악 서비스와 내비게이션 서비스, 인터넷 서비스는 이들 서비스와 경쟁해야 한다. 물론 아이폰을 만든 애플이 이에 대한 경쟁우위에 있을 수밖에 없다.

SS 연합작전의 대처 방안

아이폰의 한국 상륙은 제조사인 삼성전자와 통신사인 SKT의 자존심에 상처를 주었다. 국내 가장 많은 휴대폰을 판매하는 삼성전자와 통신시장의 1위인 SKT는 아이폰의 국내 출시로 공동의 목표를 가지게 되었다. 안방에서 스마트폰 시장을 내어주면 세계에서 삼성전자의 자존심을 지킬 수 없다. SKT는 KT의 스마트폰 시장점유율 확대를 방어해서 국내 1위 사업자로서의 시장을 지켜내야 했다. 그렇기 때문에 삼성전자와 SKT는 연합을 통해 아이폰의 국내 확산을 저지해야 하는 공동의 목표를 가지게 된 것이다.

이를 위해 1차적으로 SKT는 삼성전자와 2009년 윈도우 모바일 기반의 T옴니아를 출시하고 아이폰이 출시되기 직전에 T옴니아2로 아이폰 확산을 저지했다. 실제 이들 단말기의 판매량은 50만 대 이상으로 아이폰 못지않았다. 다만 문제는 윈도우 모바일이 갖는 OS

의 한계로 인해 실제 옴니아에서의 인터넷 사용량은 많지 않았던 것이다. 단말기만 많이 판매되었을 뿐 기존 휴대폰처럼 전화 용도로만 사용하다 보니 아이폰과 같은 데이터 요금의 비중이 크지 않았다. 이후 2010년 4월 삼성전자는 안드로이드를 탑재한 갤럭시A를 SKT와 판매하여 아이폰 3GS의 판매에 제동을 걸었고, 6월에는 갤럭시S를 출시하여 아이폰4의 대항마로 삼았다. 갤럭시A의 경우는 아이폰의 확산에 제동을 걸기에는 역부족이었지만, 삼성전자의 가능성을 알리기에는 충분했다.

갤럭시S는 세계에 판매되면서 아이폰4의 대항마로 충분한 역량을 발휘하고 있다. 실제 갤럭시S는 출시가 되기도 전에 예약 판매만 100만 대로 주요 이동통신사들의 주력 단말기로써 자리 매김했다. SKT 역시 갤럭시S를 통해 KT의 아이폰4에 대항하면서 그간 주력

그림 05-01
SKT의 다양한 안드로이드 기반의 스마트폰

단말기의 부재로 스마트폰 시장에서 영향력을 가지지 못했던 SKT에 효자 노릇을 하고 있다. 사실 SKT는 아이폰 출시 이전부터 HTC의 터치듀얼, RIM의 블랙베리, 소니에릭슨의 엑스페리아 등을 출시했고 아이폰 출시 이후에는 HTC의 HD2와 디자이어와 모토로라의 모토로이, 삼성전자의 갤럭시A 등을 출시했다.

갈라파고스 군도로 전락한 일본의 변화

한국이 유선 IT 강국이라면 일본은 무선 강국이다. 이미 일본은 유선 인터넷보다 무선 인터넷의 사용량이 더 많다. 그렇다 보니 모바일 서비스가 고도화되어 있다. 하지만 일본의 이 같은 모바일의 고도화는 오히려 스마트폰 세상에 발목을 잡고 있다.

 INSIGHT _ SKT vs KT의 스마트폰 전략

SKT의 다양한 스마트폰에 비해 KT는 오직 쇼옴니아와 아이폰 밖에는 대항마가 없다. 노키아폰을 국내에 들여오긴 했지만 주력 단말이 아닌데다가 국내에서 인지도가 낮은 노키아폰이 잘 팔릴 리 없었다. SKT는 아이폰에 대한 대응을 위해 단말기 라인업을 다양하게 가져가는 전략을 추구한 반면, KT는 아이폰 외에는 없었다. LG전자의 안드로이드 단말기를 도입했지만 역시 신통치 않았다. 결국 KT가 선택한 차선은 구글의 넥서스원이다. KT는 넥서스원의 도입을 통해서 보급형 스마트폰 시장에 대응했다. 즉, 아이폰은 고급 시장, 넥서스원은 보급형 시장을 겨냥한 것이다. SKT가 갤럭시S를 필두로 모토로라, HTC, RIM 등의 다양한 스마트폰으로 포지셔닝한 것과 대비된다.

일본의 진보된 모바일 시장

일본은 이미 모바일과 PC의 인터넷 사용량이 6:4 정도로 모바일 인터넷의 사용량이 높다. 일본의 모바일 인터넷 활성화는 문화적 특성에서 비롯된다. 이사가 잦고 집의 크기가 작은 일본의 특성 탓에 PC보다는 휴대폰으로 인터넷을 사용할 기회가 많다. 심지어 일본은 휴대폰 메일이 일상화되었을 만큼 휴대폰에서의 메일 사용량이 많다. 한국은 포털에서 메일 서비스를 제공하고 휴대폰으로는 SMS를 주로 사용하는 것과 비교된다. 또한 지리적 특성도 무선 인터넷이 활성화하는데 한 몫을 했다. 한국과 달리 국토가 길기 때문에 유선보다는 무선 인프라 구축이 수월하다.

일본은 이러한 문화적, 지리적 특성을 기반으로 수년 전부터 모바일 인터넷이 활성화되었다. NTT 도코모의 아이모드를 기반으로 유선보다 무선에 더 많은 인터넷 서비스가 제공되었다. 유선에는 없는 서비스, 사이트가 무선에는 있을 정도이다. 한국의 경우, 유선에서는 만날 수 있는 홈페이지가 무선에서는 존재하지 않는 경우가 태반이다. 하지만 일본은 그 반대이다. 일본은 아이모드라는 일본 고유의 모바일 규격에 맞는 무선 사이트가 많다. 2000년대부터 모바일 인터넷의 활성화를 위해 유럽은 WAP, 미국은 MS의 ME, 일본은 아이모드 규격이 널리 이용되었다.

NTT 도코모의 시장 독점을 기반으로 아이모드는 강력한 표준 플랫폼이 되어 버렸다. 한국의 위피가 이동통신 3사의 경쟁으로 인하여 보급되지 못한 것과 달리 일본의 아이모드는 강력한 표준 플랫폼으로 자리 잡았다. 아이모드를 지원하는 무선 인터넷이 늘어가면서 WWW의 성장처럼 많은 콘텐츠와 서비스가 아이모드 기반으로 탄생하였다. 이러한 성공은 일본의 모바일 산업을 성장시키는 밑거름이 되었다.

INSIGHT _ 모바일 활성화를 위한 LGT 노력

한국의 모바일 활성화를 위해 많은 노력과 실험을 한 곳은 3위 사업자인 LGT이다. LGT는 2년 전부터 한국의 모바일 활성화를 위해 초고속 인터넷처럼 정액제의 무선 인터넷 요금제를 선보였다. 오즈 요금제는 월 6천 원의 비용만 지불하면 1GB용할 수 있다. 오즈 요금제로 한국의 모바일 활성화의 걸림돌이었던 요금을 낮춘 것이다.

하지만 LGT의 이러한 실험은 가시적 성과를 거두진 못했다. 비록 오즈 요금제 가입자가 100만에 육박할 만큼 성장했지만 시장의 판도를 흔들진 못했다. 그것은 LGT의 무선 인터넷 속도가 SKT나 KT처럼 3G가 아닌 EVDO Revision으로 2.5G에 불과하기 때문이다. 게다가 아이폰이나 블랙베리, HTC의 스마트폰, 갤럭시A 등을 LGT에서는 사용할 수 없다. 그것은 LGT의 네트워크가 SKT, KT와는 다르기 때문에 국내외에서 판매되는 3G 스마트폰을 이용할 수 없기 때문이다. LGT가 한국 시장에서 차지하는 시장 점유율을 볼 때 제조사가 선뜻 LGT만을 위한 단말기를 출시할 리 없다. 그렇기 때문에 LGT의 스마트폰은 삼성전자의 일부(오즈옴니아)와 LG전자가 제공했다.(안드로이드 탑재의 옵티머스Q) 이런 이유로 LGT의 시도는 크게 주목받지 못했다.

세계 표준으로 흔들린 일본 모바일 산업

고공행진하던 일본의 모바일 산업은 커다란 암초에 부닫치게 된다. 세계적으로 3G 스마트폰 시대가 개막되면서 독자적으로 성장해 버린 일본의 아이모드 플랫폼이 쓸모없어지게 되어 버린 것이다. 이것을 가리켜 갈라파고스 신드롬이라 지칭한다. 아이모드가 일본의 모바일을 성장시키는 밑거름이 되었지만, 이 플랫폼은 일본 내에서만 통할 뿐이다. 일본은 아이모드를 WWW처럼 세계의 플랫폼으로 만들고자 노력했지만 성공하지 못했다.

3G 스마트폰은 기존의 PC에서 사용하던 WWW를 그대로 사용할 수 있다. 20인치가 넘는 PC 모니터에서 보던 화면을 3인치의 스

QR 코드 022
http://goo.gl/du43
일본 휴대폰의
글로벌화 실패 이유

마트폰으로 볼 경우 화면이 작을 뿐 아니라 각종 플러그인(플래시, 액티브X 등)이 정상적으로 동작하지 않아 제대로 사용할 수 없다. 그렇기 때문에 작은 화면에 최적화해서 재구성하는 모바일 웹이 널리 사용되었다. 모바일 웹은 HTML 기반이라 개발이 쉬운데다가 기존 웹과 호환도 잘 된다. RIM 블랙베리와 아이폰, 안드로이드폰에는 웹 브라우저가 내장되어 웹을 사용할 수 있다. 이것이 세계 표준이 되면서 한국의 WAP, 일본의 아이모드는 우물 안의 개구리 신세가 되었다.

일본 내의 수많은 아이모드 기반의 무선 사이트들은 훌륭하고 고도화되어 있지만 해외에서 출시되는 선진 기술의 스마트폰들 역시 일본 내에서 사용할 수 없다. 초기에는 오히려 이러한 일본만의 아이모드 때문에 해외에서 밀려오는 스마트폰들이 일본 시장에서 주목받지 못했다. 2010년 1월을 기준으로 일본의 스마트폰 점유율은

 INSIGHT _ 풀 브라우징의 피처폰

한국은 일본처럼 모바일 시장이 활성화되지 못해 해외의 스마트폰 보급이 늘어가면서 오히려 WAP과 위피의 망령에서 좀 더 빨리 벗어나고 있다. 모바일 인터넷 시장이 활성화되지 않았기 때문에 시장의 변화에 빠르게 따를 수 있었던 것이다. 심지어 기존의 피처폰에도 모바일 웹을 사용할 수 있도록 풀 브라우저가 내장되기도 한다. 국내에서 한 해 판매되는 휴대폰은 약 2,000만 대이다. 이 중 50퍼센트가 넘는 휴대폰에 풀 브라우저가 내장되어 일반 휴대폰에서도 모바일 웹을 사용할 수 있게 되었다. 이 비중은 앞으로 더 늘어날 것이다. 모바일 인터넷은 스마트폰만의 전유물이 아니다. 피처폰에서도 수용된 모바일 웹으로 모바일 인터넷은 더욱 활성화될 것이다.

1퍼센트에 불과하다. 점차 모바일 웹 기반의 글로벌 서비스가 속속 늘어가면서 일본 아이모드는 일본 모바일 서비스의 성장을 가로막는 걸림돌이 되어버렸다.

아이폰과 함께 변화되는 일본 시장

아이폰이 출시되고 1년간 일본에서 판매된 아이폰은 50만 대에 불과했다. 한국에서 4개월 만에 판매된 아이폰의 수치와 비교하면 저조하다. 이는 일본의 모바일 인터넷이 고립되어 발생한 반응일 뿐이다. 그리고 1년 후 일본에서 아이폰은 급속히 보급되어 200만 대 이상 판매되기에 이르렀다. 2010년 9월을 기준으로 일본 아이폰은 300만 대에 육박해 스마트폰 시장 점유율로는 약 45퍼센트를 차지했다. 소프트뱅크 모바일의 아이폰 출시에 자극받은 NTT 도코모는 안드로이드 탑재폰을 출시하며 뒤늦게나마 스마트폰 활성화에 동참했다. 한국의 스마트폰 보급률의 증가 속도에 비하면 늦었지만 일본도 빠르게 변화하고 있다.

무엇보다 가장 큰 변화는 모바일 웹을 지원하는 사이트들이 늘어가고 있다는 것이다. 아이모드 이외의 플랫폼에 전혀 관심을 두지 않던 일본의 모바일 환경이 변화되고 있다. 또한 아이폰 앱스토어에 올라오는 일본의 어플들 역시 하루가 다르게 많아지고 있다. 아이모드 기반에서 주목받던 모바일 서비스들이 아이폰 어플로 재탄생하고 있다. 이러한 변화로 인하여 소프트뱅크 모바일은 비록 3위 사업자이지만 빠르게 급부상하고 있으며 여세를 몰아 아이패드를 일본에 독점 유통하기에 이른다. 일본은 폐쇄적으로 발달된 일본의 모바일 시장의 한계를 인지하고 이를 벗어나기 위해 노력하고 있다.

　일본의 모바일 환경은 한국보다 더 폐쇄되고 고립되었다. 이동통신사의 지배력은 그 어느 나라보다 심하다. 그런 이유로 일본의 휴대폰 제조사들은 자국민을 위한 휴대폰에 주력할 뿐 해외로 수출하는 휴대폰에 집중하지 못했다. 그렇다 보니 세계의 휴대폰 시장에서 일본은 삼성전자, LG전자에 명함조차 내밀지 못하고 있다. 통신사의 지배력에 놓인 제조사들이 국제 경쟁력을 가지지 못하게 된 것이다. 비록 일본의 모바일 인터넷이 2000년부터 활성화되고 고도화되었지만 그것이 일본 모바일의 세계화와 성장에 걸림돌이 된 것이다. 이를 인식하고 극복하기 위한 일본의 자성과 노력이 아이폰 출시 이후에 본격화되고 있다.

06

희망을 보여주는 작은 변화들

2010년 초에는 미국, 유럽 등은 스마트폰 보급률이 20퍼센트를 훌쩍 넘었지만 한국은 5퍼센트가 되지 않을 만큼 미비했다. 하지만 아이폰 출시 이후에 한국의 모바일 시장은 빠르게 성장하고 있다. 금새 외국 정도로 모바일 시장이 활성화될 것으로 전망되고 있으며, 한국의 여러 제도와 규제, IT 기술 또한 모바일에 빠르게 반응하고 있다.

한국 모바일의 SWOT 분석

한국의 모바일 시장은 희망과 절망이 공존한다. 다행인 점은 암울한 절망을 넘어 희망으로 넘어서고 있는 것이다. 한국 모바일 시장의 기회와 위기에 대해 SWOT 측면에서 분석하고 향후 해결방안은 무엇인지 고찰해보자.

한국이 보여준 저력(Strength)

다른 나라보다 2년이나 늦게 출시된 아이폰이 한국에 상륙하고 불과 4개월 만에 50만 대가 넘게 판매되었다. 한국보다 시장 규모가 크고 모바일이 고도화된 일본에서 1년간 판매된 아이폰에 육박하는 수치이다. 그만큼 한국 사용자들의 눈높이가 높다는 것이 증명된 것이다. 1998년부터 두루넷 케이블 모뎀으로 초고속 인터넷을 사용하면서 WWW를 체험한 한국 사용자들의 모바일에 대한 갈증이 아이폰으로 인해 해갈되기 시작한 것이다. 사실 한국은 모바일 인프라에 있어서는 세계적이라고 할 정도로 앞선 것이 사실이다. 2007년 KT는 세계 최초로 3G(HSDPA)를 전국으로 서비스했으며 와이브로와 WiFi 등의 인프라에 있어서도 상당한 기술력과 보급률을 갖추고 있다. 그럼에도 불구하고 또 왜 한국 시장에서 모바일이 활성화되지 못했던 것일까. 왜 아이폰이 출시되고서야 사용자들의 모바일에 대한 사랑이 봇물처럼 터진 것일까.

비록 2007년 한국은 1998년 두루넷 케이블 모뎀처럼 3G라는 초고속 무선 인터넷 시대가 열렸지만 플랫폼의 나머지 두 축인 하드웨어와 소프트웨어가 뒷받침해 주지 못했다. 네트워크는 변화했지만 하드웨어와 소프트웨어가 따라주지 못한 것이다. 그렇게 국내에 아이폰이 출시되면서 하드웨어, 소프트웨어가 네트워크와 궁합을 맞출 수 있게 된 것이다. 즉, 플랫폼의 구성요소 세 가지가 함께 진화하지 못하다 보니 반쪽짜리 모바일 플랫폼으로 머물게 되었던 것이다. 한국 사

QR 코드 023
http://goo.gl/ZIcK
100만 대를 돌파한 KT의 아이폰

용자들의 눈높이에 이러한 반쪽짜리 플랫폼이 성에 찰 리가 없다. 하지만 모바일 플랫폼이 완전하게 구성된 이후에는 빠르게 활성화되고 있다. 아이폰과 각종 스마트폰의 빠른 보급과 함께 모바일 인터넷 사용량도 늘어가고 있으며 모바일에 대한 사회적, 정치적 관심도 뜨거워지고 있다. 수많은 스마트폰 어플들이 쏟아져 나오고 있으며 관련 시장의 규모도 하루가 다르게 성장하고 있다.

실제 아이폰 이전만 해도 한국의 스마트폰 보급률은 2퍼센트(약 100여만 대 미만) 남짓이었지만 아이폰 이후에 100만 대가 넘는 스마트폰이 판매되면서 스마트폰 시장 점유율은 5퍼센트에 육박하고 있다. 수년간 판매된 스마트폰보다 4개월간 판매된 스마트폰이 더 많은 상황이다. 한국은 스마트폰 열풍과 함께 모바일 인터넷 시장이 활성화되고 있다.

플랫폼이 없는 서러움과 한계(Weakness)

스마트폰이 많이 판매되고 모바일 인터넷 시장이 활성화되면 우리가 얻는 것은 무엇일까? PC의 보급과 인터넷의 활성화로 인해 우리가 얻게 된 것과 같은 가치를 얻게 될 것이다. 사용자들의 생활이 좀 더 편리해지고 삶이 윤택해질 것이다. 업무 생산성이 높아지고 편익이 증대될 것이다. 사용자가 얻는 가치는 명확하다. 문제는 거기에서 발생하는 비즈니스 모델과 시장을 주도하는 자가 누구냐 하는 것이다.

아이폰은 애플에서 만든 하드웨어이며, 그 안에는 애플이 만든 아이폰 OS가 탑재되어 있다. 플랫폼의 세 가지 구성요소 중 두 가지를 애플이 소유하고 있으며 네트워크는 국가별 이동통신사에 의해서 제공된다. 그런데 WWW 플랫폼에서 보여지듯이 인터넷 인프라(네트워크)를 제공하는 측은 망만 제공하는 위치로 전락할 가능성이 높다. 특히 하드웨어, 소프트웨어를 모두 소유하면서 플랫폼을 장악히고 있는 아이폰의 경우에는 더욱 통신사가 할 수 있는 역할이 없다.

구글이 개발한 모바일 OS인 안드로이드는 비록 구글이 직접 하드웨어를 개발하진 않지만 제조업체를 껍데기만 만드는 기업으로 전락하게 만들고 있다. 즉, 네트워크 회사처럼 제조사 역시 모바일 플랫폼 시대에는 시장 지배력이 약화될 가능성이 높다. 안드로이드를 탑재한 스마트폰이 늘어가더라도 그 폰을 만드는 삼성전자, LG전자, HTC, 모토로라 등은 그저 껍데기만 만들 뿐 실제 고객가치 및 고객과의 커뮤니케이션은 구글이 담당할 가능성이 높다. 그런 이유로 구글이 안드로이드라는 모바일 OS를 값비싼 비용을 들여 인수하

그림 06-01
구글 안드로이드의 로고

고 개발했지만, MID(Mobile Internet Device) 제조업체들에게 무상으로 제공하는 것이다. 세상에 공짜가 어디 있겠는가.

삼성전자는 플랫폼을 가지지 못한 것에서 발생하는 한계에 대한 문제점을 알기에 바다라는 독자 플랫폼을 개발했다. 모토로라는 리모, 노키아는 마에모라는 OS를 통해서 스마트폰 플랫폼에 대한 도전을 하고 있다. 또한 이동통신사들도 이러한 문제를 알기 때문에 2010년 2월 바르셀로나에서 열린 모바일 월드 콩그레스(MWC)에서 슈퍼 앱스토어(WAC)를 만드는데 합의까지 한 것이다. 국내에서도 이동통신사와 제조사들이 통합 앱스토어를 표준화해서 한국 시장에서의 모바일 앱스토어를 통합하자는 논의를 했다. 플랫폼을 가지지 못한 한계를 극복하기 위한 노력들이 각 사업자별로 이루어지고 있다.

INSIGHT _ 플랫폼 소유에 대한 고민들

플랫폼을 지배하는 자가 세상을 지배하게 된다고 해도 과언이 아니다. 그렇다 보니 각 사업자들은 저마다의 입장에서 플랫폼을 소유하기 위한 투자를 하고 있다. 애플이 보여준 아이폰을 기반으로 아이폰 OS와 앱스토어로 플랫폼을 지배한 성과를 보고 무너져가던 Palm은 웹 OS로 Palm Pre를 만들었다. 노키아는 그 이전에 심비안을 인수했으며, 삼성전자 등은 리모에 투자했다. RIM은 블랙베리와 블랙베리 OS로 비즈니스 플랫폼으로 차별화했다. 1차전에서 RIM만이 성과를 거두었을 뿐 나머지는 이렇다 할 성공을 거두지 못했다.

　2차전으로 구글이 안드로이드를 만들어 공개했다. HP는 Plam을 인수해 PC 시장의 경쟁력을 모바일 시장으로 확대하려 하고 있다. 삼성전자는 독자적인 플랫폼인 바다를 출시했다. 이동통신사는 서로 간의 연대를 기반으로 통합 앱스토어로 대응하고 있다. 구글의 안드로이드가 2010년 가장 큰 수혜주로 성과를 거두고 있으며 그 외의 플랫폼은 크게 주목받지 못했다.

신토불이 서비스에 대한 갈증(Opportunity)

웹 플랫폼에서 시장 지배력을 갖춘 기업들의 특성을 보면 대부분이 킬러앱을 지배한 곳들이다. 1998년 케이블 모뎀과 함께 웹이 보급되던 한국에서 시장을 지배하던 포털은 다음이었다. 다음은 한메일과 카페를 통해서 사용자들에게 다가갔다. 2000년 한때 프리챌과 아이러브스쿨과 같은 전문 커뮤니티가 주목을 받았고, 2003년경에는 네이버의 지식인이 검색을 통해 웹 시장을 평정할 수 있는 단초를 만들었다. 2005년 MSN 메신저와 네이트온 그리고 2007년 싸이월드의 미니홈피, 2009년 블로그 그리고 지금 페이스북이나 트위터(미투데이)와 같은 SNS가 웹의 킬러앱이다.

모바일 역시 사용자들이 즐겨 사용하는 서비스(킬러앱)를 만들어 내면 시장의 칼자루를 움켜쥘 수 있다. 비록 거대한 모바일 OS와 고도의 기술력을 기반으로 플랫폼을 지배하고 있더라도 알찬 서비스 하나가 거대한 댐의 작은 구멍과 같은 기적을 만들어낼 수 있다. 그런 면에서 한국의 IT 시장은 세계적으로 유별나고 독특한 점이 많다. 그렇기 때문에 세계의 검색 시장을 지배하는 구글조차도 한국 시장에서는 검색 시장 점유율이 5퍼센트도 되지 않는 것이 아니겠는가. 한국 사용자들의 입맛에 맞는 서비스는 한국 기업들이 잘 만들어 낼 수 있을 것이다. 한국의 모바일 서비스를 준비하는 기업들에게는 기회의 땅이 모바일 플랫폼인 것이다.

똑같아 보이는 레몬, 오렌지, 탱자, 귤, 감귤, 한라봉도 맛을 보면 차이점을 알 수 있다. 한국 사람의 입맛에 어떤 것이 좋을지는 한국의 기업들이 잘 알 것이다. 물론 한국 사용자들의 입맛도 많이 바뀌어서 외국의 서비스에 대한 부담감이 줄어들었다. (그러니 한국에 지사조차 없는 트위터와 같은 서비스가 이렇게 사용자가 많은 것이 아니겠는가.) 하지만 서비스라는 것은 사용자와 호흡하면서 꾸준하게 진화해야 한다. 변하지 않으면 도태되는 것이 서비스이다. 그런 만큼 한국 사용자들의 시시각각 변하는 입맛에 맞춰서 발빠르게 대응하고 개선시키는 노력이 있어야 모바일에서의 킬러앱을 만들수 있다. 그러한 역량을 갖춘 기업이 모바일에서 킬러앱으로 시장의 지배력을 갖춰갈 수 있다.

웹에서의 시장 지배력을 갖추고 있는 네이버와 다음도 이처럼 모바일의 입맛에 맞게 빠르게 대응하지 않으면 도태될 수밖에 없다. 비록 플랫폼을 소유하고 있는 구글이나 애플, 한국의 통신 시장을 지배하는 이동통신사와 휴대폰 시장을 장악한 삼성전자라 할지라도 마찬가지이다. 그런 면에서 모바일 시장은 1998년의 웹 시장처럼 새로운 가능성과 기대가 꿈틀대는 기회의 땅이라 할 수 있다.

모바일 시장의 경쟁 구도와 위기(Threat)

애플은 아이폰을 만들지만 그 안에 들어가는 OS도 개발하고 있으며, 이를 기반으로 콘텐츠와 어플들을 유통하는 서비스 회사로 거듭난 지 오래이다. 애플은 삼성전자, 네이버, SKT의 적이다. 애플은 브라우저(사파리)도 직접 만든다. 즉, 오페라나 파이어폭스 그리고 폴라리스(국내 일반 핸드폰 기반의 브라우저 개발업체)와도 적인 셈이다. 심지어는 PC 시장에서는 서로 상부상조해야 하는 RIA(Adobe 플래시)와도 경쟁의 구도가 싹트고 있을 정도이다. 아이폰을 통해 이미 산업 간의 경계를 모두 무너뜨려 버린 컨버전스의 시대가 개막됨을 알 수 있다. 안드로이드 역시 아이폰보다는 강하지 않지만 비슷하다.

플랫폼을 소유하지 못하고, 주도하지 못하면 시장의 지배력을 잃게 된다. 한국의 모바일 시장의 가장 큰 문제는 플랫폼을 주도할 수 있는 동력이 부재하다는 점이다. 초고속 인터넷 인프라가 갖춰지고 저렴한 비용에 고성능의 하드웨어를 만드는 것보다 더 중요한 것이 소프트웨어이다. 플랫폼의 50퍼센트 이상은 소프트웨어에 의해 동작되고 좌우된다. 소프트웨어 철학이 부재하고 소프트웨어에 대한 투자가 부족했던 한국은 모바일 플랫폼의 성장 속에서 그것을 배우고 있다.

플랫폼에서 소프트웨어가 중요한 이유는 소프트웨어가 콘텐츠 제공 업자와 사용자, 광고주와 사용자, 개발사와 사용자를 만나게 해주는 다리 역할을 하기 때문이다. 아이폰의 OS를 만드는 애플은 아이폰 OS에서 완전하게 동작하는 아이튠즈를 통해서 음악과 영화, TV 프로그램과 같은 콘텐츠를 사용자에게 유통할 수 있는 콘텐츠 유통 플랫폼을 제공하고 있다. 또한 개발자들이 아이폰을 통해 사용자들에게 서비스를 제공할 수 있는 앱 유통 플랫폼을 앱스토어를 통해서 제공하고 있다. 이제는 아이북이라는 서적 유통 플랫폼을 통해서 또 다른 유통망의 장악까지도 준비하고 있다.

구글은 자사의 서비스를 안드로이드에 최적으로 탑재함으로써 모바일 사용자들이 자연스럽게 구글의 서비스들을 이용할 수 있도록 하고 있다. G메일, 유투브, 지도, 캘린더, 구글 토크, 모바일 구글 검색 등 다양한 서비스가 안드로이드에 완벽하게 동작된다. 구글이 소프트웨어를 통해서 스마트폰 시장에서의 영향력을 확보하고 이 것을 기반으로 사용자들의 스마트폰(안드로이드가 탑재된)에 구글의 서비스를 손쉽게 제공함으로써 구글의 충성고객으로 만들고 있는 것이다. 그렇게 사용자들이 구글의 모바일 서비스를 사용하면 구글은 사용자들에게 더 큰 가치를 창출해 낼 수 있다.

한국 스마트폰 시장이 급격하게 활성화되면서 데이터 객단가가 늘고 새로운 단말기 판매량이 증가한다고 좋아할 일만은 아닌 것이다. 그렇게 확산되는 스마트폰 플랫폼을 주도하는 것은 통신사나 제조사가 아닌 구글이나 애플과 같은 기업이라는 점에 주목해야 한다. 그들은 한국 기업도 아니고 작은 한국 시장의 문화적 특성이나 사회적 규범을 위해 플랫폼을 변형하거나 현지화 하지 않는다. 그러한 태도가 추후 한국의 모바일 시장에 어떠한 영향을 줄지 알아야 하며, 한국 사용자들에게도 지금 당장이 아닌 앞으로 우리의 삶과 사회에 어떤 영향을 줄지를 이해해야 한다. 글로벌 기업들과의 틈바구니에서 서비스로 경쟁해 살아남는 것이 그리 만만한 일은 아니다.

신토불이 한국 모바일의 자존심

새로운 모바일 패러다임의 변화 속에 한국의 기업들이 제대로 대응하기 위해서는 무엇이 필요할까. 기술의 발전을 야기하는 것은 플랫폼을 구성요소의 변화이다. 하지만 이렇게 형성된 플랫폼 사업에서 막대한 부가가치를 얻는 것은 서비스를 지배하는 사업자이다. 한국의 모바일 사업에 가장 중요한 부가가치는 한국인의 입맛에 맞는 서비스에서 나오게 될 것이다.

서비스의 중요성

늦긴 했지만 한국의 모바일 시장이 세계 어떤 나라보다 빠르게 성장하고 활성화되었다는 것은 믿어 의심하지 않는다. 문제는 그렇게 성장하며 발생하는 새로운 수익모델과 가치가 공평하게, 가능하다면 한국 내 기업들에게 분배되고 그것이 재투자로 이어져 한국의 모바일 토양이 비옥해져야 한다는 것이다.

한국은 사용자의 눈높이가 높고 준비된 기업들이 많기 때문에 시장이 빠르게 활성화되며 성숙할 것이라는 것이 분명하다. 한국인의 입맛에 맞는 모바일 서비스들을 만들어 낼 수 있는 가능성이 외국 기업보다는 국내에 많다는 점 역시도 큰 기회이다. 하지만 변변한 플랫폼을 소유하지 못하고 글로벌 기업과 경쟁해야 한다는 점은 약점이자 위기이다.

이러한 상황을 극복하고 웹처럼 한국의 모바일 시장이 과거의 기득권을 소유한 자들이 아닌 새로운 자들에게 더 많은 기회가 제공되고 새로운 시장을 창출해내려면 어떻게 해야 하며 그 솔루션은 무엇일까?

그것은 서비스에 답이 있다. 모바일에서 사용자들이 자주, 많이, 오래 즐기며 사용할 수 있는 킬러앱을 개발하는 것에서 찾아야 한다. 하드웨어, 소프트웨어, 네트워크 그리고 플랫폼에 대한 투자도 중요하지만, 이러한 플랫폼이 상향 평준화되고 저변이 확대되었을 때 사용자들이 3인치의 스크린에서 무엇을 가장 많이 사용할지를 잡아내어 그것을 서비스화하는 것이 1차 솔루션이다.

그리고 그 서비스를 플랫폼으로 키워야 한다. 트위터와 같이 플랫폼으로써의 서비스로 만들어야 한다. 이렇게 개척한 서비스가 유아독존하지 않고 다른 서비스와 유기적으로 연계되며 서비스 생태계를 만들 수 있도록 해야 한다. 그래야 쉽게 잊혀지지 않고 오래도록 생존할 수 있다.

 INSIGHT _ 네이버폰, 다음폰의 가치는?

드림위즈 커뮤니케이터를 아는가? 2003년 출시된 이 단말기는 드림위즈 전용 무선 기기로 드림위즈의 메일과 메신저 및 SMS 등을 사용할 수 있다. 이 기기에는 013 번호가 할당되어 모비텍스망을 통해 24시간 네트워크에 연결되어 있다. 드림위즈의 커뮤니케이터처럼 그 이전에도 인스턴트 메신저인 ICQ를 PC 없이 휴대하며 사용할 수 있는 전용 단말기가 출시되기도 했다. 하지만 이들 기기는 보급에 실패했다. 수년이 지난 지금 네이버폰, 다음폰, 야후폰 등에 대한 소식이 들리고 있다. 과연 특정 인터넷 서비스에 특화된 전용 단말기가 주목받을 수 있을까?

드림위즈 커뮤니케이터는 드림위즈의 서비스와 함께 MSN 메신저, ICQ 등과 호환이 된다. 월 1만 9천 원의 비용을 내면 이동 중에도 메시지를 사용할 수 있다. 지금의 블랙베리가 이미 7년 전에 구현되었던 것이다. 비록 전화통화만 할 수 없었을 뿐 드림위즈 메일, SMS, 메신저를 일반 컴퓨터용 키보드 자판이 내장된 작은 단말기로 이용할 수 있었다. 그런데 왜 이 기기는 널리 보급되지 못하고 실패했을까?

디지털 기기가 널리 보급되는데 있어 가장 중요한 것은 호환성과 표준 그리고 확장성이다. 만일 드림위즈만 연결이 가능한 컴퓨터가 있다면 환영을 받기 어려울

그림 06-02
드림위즈 메신저 단말기

것이다. 모든 서비스에 연결이나 사용 가능한 기기만이 대중화될 수 있다. 그런 면에서 ICQ 전용 단말기나 드림위즈 커뮤니케이터는 다른 서비스로의 연결에 제약이 있어 한계를 드러낸 것이다. 지금의 스마트폰들은 모든 메일 서비스와 메신저에 연결이 가능하다. 기존 웹 서비스를 사용할 수 있는 것은 물론 웹에서는 만나기 어려운 새로운 모바일 전용 서비스도 속속 등장하고 있다. 컴퓨터보다 더 큰 확장성을 가지고 있으면서 기존의 서비스와의 호환성도 유지하고 있다.

이제 단말기가 유연해져서 그 어떤 서비스든 담을 수 있게 되었다. 굳이 네이버만을 위한 폰이나 다음만을 위한 폰이 있을 이유가 없어졌다. 그저 사용자가 선택해서 사용할 수 있도록 해주면 그만이다. 프라다폰, 알마니폰과 같은 브랜드를 새긴 폰이라면 가치가 있겠지만 특정 서비스를 브랜드화한 폰이 주목받기란 쉽지 않을 것이다.

다음 컴퓨터, 네이버 노트북이 주목받기 어려운 것처럼 네이버폰, 다음폰 역시 주목받지 못할 것이다. 밀리언셀러 정도의 파워를 보여줄 수 있는 폰으로써 자리매김하는데 서비스 브랜드는 스마트폰과 어울리지 않는다. 플랫폼 자체를 설계해 웬만한 서비스가 통째로 들어간 구글이라면 모를까.

문화를 담는 서비스

구글은 세계적인 인터넷 기업으로 세계의 인터넷 검색 시장을 지배하고 있다. 하지만 유독 한국의 구글 검색 점유율은 2퍼센트에 불과할 정도로 한국 시장에서는 참패를 면치 못하고 있다. 구글은 한국 사용자들의 입맛에는 맞지 않는 것일까?

엄밀히 말하면 구글의 서비스는 오렌지로 비유할 수 있다. 국내에도 오렌지 수요가 대중적이지는 않지만 색다른 맛과 향으로 사랑받는 것처럼 구글 마니아들은 구글의 뛰어난 검색 기술과 사용성에 상당한 로열티를 가지고 있다. 이미 귤에 익숙한 대중의

QR 코드 024
http://goo.gl/M8Xg
구글 검색 엔진의
국가별 시장 점유율

입맛에 오렌지는 색다르긴 하지만 귤을 대체할 만큼 대중적인 기호 과일이 되지 못한 것처럼 네이버의 통합 검색에 익숙한 대중에게 구글의 검색은 수입산 오렌지와 같은 존재인 것이다. 물론 오렌지와 같은 포지셔닝도 갖추지 못하고, 그렇다고 미국식 레몬도 아닌 탱자가 되어버린 야후코리아의 검색 서비스도 있다.

게다가 최근 모바일 플랫폼에서는 오렌지나 레몬과 같은 수입 과일이 국내산보다 더 주목받고 있다. 모바일에서는 구글의 G메일과 캘린더, 주소록 그리고 트위터가 한메일이나 미투데이보다 더 제맛을 낸다.

모바일 시대를 맞아 한국의 서비스가 주목을 받는 것이 만만치 않은 상황이다. 소비자 중심의 시대에 한국 서비스가 모바일에서 경쟁력을 가져야 한다는 어설픈 애국심이 아니다. 국내외의 어떤 서비스든 소비자, 사용자가 더 유익하고 편리하게 사용할 수 있으면 그것이 궁극적으로 바람직한 시장의 모습이다. 그런 서비스가 이왕이면 한국의 기업이 만들어 제공한다면 그리고 그것이 해외에서도 주목을 받을 수 있다면 더욱 바람직할 것이다.

해외에서도 주목을 받을 수 있는 그런 제주 감귤, 한라봉과 같은 서비스가 모바일에서 나올 수 있을까. 한라봉의 재배 성공은 제주의 토양과 기후에 맞춰 종자를 개량했기 때문이다. 모바일의 한라봉은 웹과는 다른 환경을 필요로 한다. 다른 개발 방식과 새로운 패러다임의 전환, 게임의 법칙의 변화를 요구한다. 한라봉에 맞는 토양과 기후 환경을 찾아 나서야 하는 것처럼 주목받는 모바일 서비스의 개발을 위해서는 새로운 사고의 전환이 요구된다.

INSIGHT _ 모바일 시장의 특수성

시장은 진입기, 성장기, 성숙기, 쇠퇴기로 나눌 수 있다. 웹 시장이 성숙기에 접어들었다면 모바일 시장은 이제 진입기이다. 특히 한국의 모바일 시장은 2009년 말부터 시작되어 채 1년도 되지 않았다. 진입기의 시장에서는 시장 선점과 고정관념을 타파하는 혁신적인 모델이 주목을 받기 마련이다. 특히 기존의 시장을 파괴하는 혁신적 시도가 요구된다.

모바일 시장이 본격적으로 태동하면서 많은 국내의 기업과 개발자들이 참여하고 있다. 드림위즈 커넥트 서비스에 따르면 2010년 5월 한국의 앱스토어에 등록된 국내 아이폰 앱은 5,500여 개에 이르며, 앱 개발사는 약 600여 개라고 한다. 이곳에 집계되지 않은 앱과 안드로이드, 윈도우 모바일 등의 앱과 모바일 웹 등의 서비스까지 집계하면 훨씬 많은 기업과 개인이 모바일 시장에 뛰어든 것이다.

개발사에는 웹에서 막강한 시장 지배력을 갖춘 포털과 통신 시장을 지배하고 있는 통신사 그리고 과거 모바일 시장에서 개발력을 갖춘 업체도 포함되어 있다. 이들 기업 모두가 기존의 기득권과 무관하게 계급장을 떼고 싸우고 있다. 이때 중요한 경쟁우위는 시장 선점과 속도이다. 먼저 파괴적인 서비스를 만들어 사용자를 늘려가며 서비스 고도화를 해나가는 것이 시장을 지배하는 비결이다.

성공을 위한 상생의 비즈니스

KT경제경영연구소가 아이폰 가입자 1,000명을 대상으로 온라인 설문조사를 실시한 결과, 아이폰 고객의 포털 선호도가 유선과는 달리 구글의 비중이 20.4퍼센트로 모바일에서 구글의 위상이 남다를 것이라는 예측을 가능하게 해주고 있다. 독특한 한국 시장의 특수성과 토종 포털의 위력으로 PC 기반의 WWW 플랫폼에서 글로벌 기업의 위상답지 않은 모습을 보인 구글에게 모바일이 새로운 세상을 가져다 줄 수 있을까.

구글의 서비스는 검색 외에도 지도, 이미지, 툴바,

QR 코드 025
http://goo.gl/5Eq0
아이폰 고객 이용
행태 리포트
(KT 경제경영연구소)

구글 리더, 구글 그룹스, 유투브, 캘린더, 구글 독스, 구글 토크 등이다. 이 서비스들은 이미 모바일에 최적화되어 있다. 심지어 API의 개방을 통해서 구글의 서비스들을 기반으로 한한 외부 개발사의 서비스들도 부지기수이며 구글의 서비스를 기반으로 만들어진 모바일 서비스들도 늘어가고 있다. 모바일 웹에 최적화된 구글 서비스들은 스마트폰이 아닌 일반 휴대폰에서도 풀브라우저를 통해서 연결할 수 있다. 심지어는 국내 일부 일반 휴대폰의 위피와 WAP을 통해서 구글의 일부 서비스를 사용할 수 있다. (구글 지도는 KT, LGT 등의 위피 어플로 만들어져 제공되고 있다.)

구글의 모바일 서비스 중 우리가 주목해야 할 것은 모바일 웹에 대한 진화 속도이다. 구글은 모바일 웹에 대한 투자를 아끼지 않고 있으며 HTML5 기반의 웹 표준에 대한 관심과 적극적인 투자를 하고 있다. 보다 많은 휴대폰에서 구글의 서비스를 WWW 플랫폼을 기본으로 서비스에 대한 투자를 하고 있다. 순간의 임기응변으로 모바일 어플을 만드는 것과는 근본적으로 다른 구글의 모든 데이터는 어떤 디바이스에서든 WWW를 통해 접근할 수 있고 뛰어난 사용성으로 볼 수 있도록 하고 있다.

그런 이유로 구글의 모바일 웹은 여타의 것과는 다르다. WWW에서 보여지는 것보다 오히려 더 훌륭한 UI를 모바일 웹에서 구현하고 있다. 단순함이 구글 UI의 미학인 것처럼 모바일 웹에서도 구글의 단순함이 빛을 발한다. 단순함 속에서 뛰어난 기능성과 사용성 그리고 확장성을 보장해준다. 구글의 모바일 웹 서비스에는 이제까지 보지 못한 사용성을 갖추고 있다.

사실 이보다 더 중요한 것은 구글의 서비스들이 기본 값으로 주요 스마트폰에 탑재되어 공급된다는 점이다. 마치 MS의 윈도우에 인터넷 익스플로어가 탑재되어 '웹 브라우저 = IE'라는 공식을 만들어 낸 것처럼 구글의 유투브, G메일, 검색, 지도 등이 아이폰, 안드로이드폰 등에 탑재되어 있다.

각 국가의 토종 포털 기업이 아무리 고도화된 서비스 대응을 하더라도 폰에 기본적으로 탑재되어 삭제조차 되지 않는 글로벌 서비스와 경쟁하기는 어려울 수밖에 없다. 그럼에도 불구하고 토종 포털 서비스가 훌륭하다면 사용자들이 수고를 마다하지 않고 어플을 설치하거나 해당 서비스의 모바일 웹 페이지에 연결하며 사용할 것이다. 하지만 이러한 수고를 극복할 정도로 구글의 대단한 퀄리티를 뛰어넘는 서비스를 만들기란 여간 어려운 것이 아니다.

특히 모바일 OS인 안드로이드를 탑재한 스마트폰이나 MID(Mobile Internet Device)에서 구글 서비스가 보여주는 성능과 사용성, 접근성은 두말하면 잔소리이다. 안드로이드폰을 구입하고 USIM을 꽂은 후, 구글의 아이디와 암호를 넣으면 구글에 있던 내 계정의 모든 정보가 폰으로 들어온다. 구글 주소록에 기록된 지인들의 연락처와 G메일의 메시지, 구글 리더로 구독하는 RSS 정보와 피카사에 업로드 되어 있던 사진들, 구글 캘린더에 기록된 내 일정과 구글 지도에 즐겨찾기 해 둔 각종 주요 위치 정보 등이 모두 내 휴대폰으로 들어온다.

그 이후 스마트폰은 번호가 아닌 구글의 아이디 기반으로 바뀌게 될 것이다. USIM보다 중요한 것은 구글의 아이디이다. 스마트폰 시장이 확대될수록 현재 기업보다 우위에 있는 구글과 같은 글로벌 기업들의 힘이 무시무시하게 다가올 것이다. 그것은 트로이의 목마가 되어 우리를 위협할 수도 있기 때문이다.

그럼에도 불구하고 구글이나 애플 같은 기업을 선호하고 그들에게 박수를 보내는 이유는 현지 기업이 보여주지 못한 혁신과 사용자 중심의 서비스 때문이다. 단, 그들의 이 같은 모습을 곧이곧대로 맹신하다가는 득보다 실이 많을 수 있음을 간과해서는 안 된다.

그림 06-03
구글의 안드로이드에는 구글의 모바일 서비스가 탑재되어 있다.

07

한국 모바일 시장의 기회와 전망

모바일 시장이 활성화되려면 모바일 플랫폼의 근간이 되는 스마트폰이 많이 판매되어야 한다. 한국 모바일의 미래가 밝은 이유는 스마트폰의 보급이 빠르게 확산되고 있기 때문이다. 한국의 스마트폰 시장이 어떻게 성장해 나갈지 전망해 보자.

한국 스마트폰 시장의 성장 전망

한국에서 PC는 매년 약 500만 대 가량이 판매되며, 휴대폰은 2,000만 대가 판매된다. 판매되는 대부분의 휴대폰이 일반 휴대폰이지만, 점차 스마트폰으로 바뀔 것으로 예상된다. 휴대폰이 PC보다 4배 정도 교체시기가 빠르기 때문에 시간이 지남에 따라 스마트폰이 모든 국민의 손에 들려 있을 날도 머지 않았다. 향후 국내 스마트폰 시장의 판매량과 시장점유율에 대해 전망해보자.

2011년이면 1,500만 대로 성장

아이폰이 출시되기 이전의 한국 스마트폰 시장은 윈도우 모바일 중심으로 형성되었다. 수년간 한국의 스마트폰 시장은 1퍼센트인 50만 대에 불과했지만 아이폰이 출시되고 2010년 5월에는 200만 대 규모로 성장하며 6개월 만에 약 4배가 성장했다. 아이폰은 스마트폰에 대한 사용자들의 대기수요를 촉발시켰으며 아이폰 이외의 스마트폰 판매에도 영향을 주었다. 아이폰 덕분에 옴니아2는 옴니아보다 더 많이 팔렸으며, 블랙베리와 갤럭시A 등의 판매를 촉발시켰다.

2010년 6월 스마트폰의 하루 판매량은 약 2만 대였다. 그 중 아이폰은 하루에 무려 5~6천 대씩 판매되고 있다. 또 연간 판매되는 2,000만 대의 휴대폰 중에 약 20퍼센트 정도가 스마트폰이 차지할 것으로 전망하고 있다. 스마트폰이 대중화되기 위해서는 제품만 좋아서는 안 된다. 대중화의 물꼬를 트려면 가격이 싸야 한다. 시장의 가격 하락은 경쟁이 필수적이다. 아이폰에 대항할 수 있는 다양한 스마트폰들이 출시되면서 가격 하락을 부채질하고 있다. 아이폰4와 갤럭시S의 등장 그리고 넥서스원과 HTC의 다양한 스마트폰들이 출시되면서 실제 구입가가 2009년에 비해 수십 퍼센트 하락했다. 심지어 아이폰4의 출시와 함께 아이폰 3GS는 공짜로 판매되기까지 했다.

이러한 시장의 움직임은 2011년에도 이어질 전망이다. 2010년 말 휴대폰 시장에서 스마트폰의 점유율은 10퍼센트에 이르며 2011년에는 25퍼센트까지 성장할 것으로 예상된다. 이미 미국과 유럽의 스마트폰의 시장 점유율은 20퍼센트를 훌쩍 넘었다. 비록 우리나라는 뒤늦게 스마트폰 시장이 열렸지만 시장의 성장 속도가 빠르다. 2011년이면 외국의 스마트폰 시장을 따라잡을 수 있을 것으로 기대된다. 전체 스마트폰 1,500만 대 중에서 약 50퍼센트 이상은 안드로이드폰이 차지하고, 30퍼센트 정도는 아이폰이 차지할 것으로 기대된다. 그 나머지를 윈도우폰7과 블랙베리 등이 차지할 것이다.

이때 주목할 것은 피처폰(일반 휴대폰)의 진화이다. 2009년부터 피

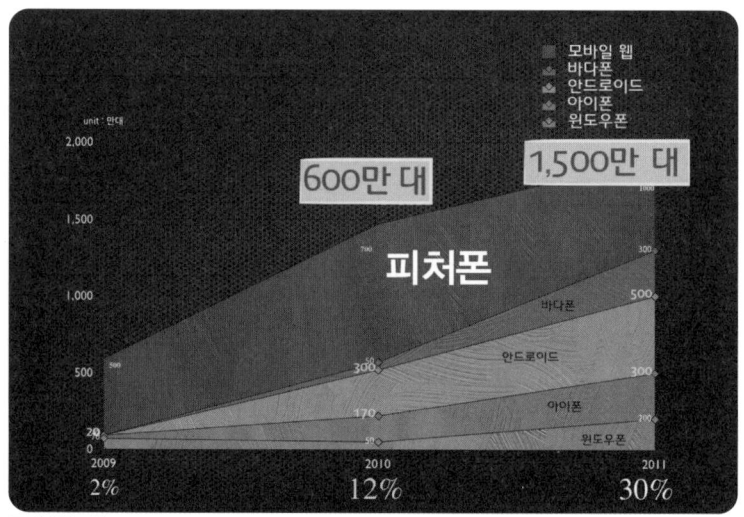

그림 07-01
향후 국내 스마트폰 시장 점유율 전망

처폰에 풀 브라우징 브라우저가 탑재되었다. 웹 뷰어 혹은 폴라리스 브라우저가 피처폰에 탑재되면서 일반 휴대폰에서도 WWW를 사용할 수 있게 되었다. 심지어 일부는 위피를 기반으로 한 어플이 탑재되어 판매되기도 한다. 이들 어플은 스마트폰의 어플 만큼 사용성, 자유도, 확장성이 뛰어나진 않지만 간단한 인터넷을 하는데 무

리가 없다. 실제 LGT에서 출시한 2010년 초의 MAXX에는 네이버, 다음의 10여 가지가 넘는 어플들(카페, tv팟, 미투데이, 검색, 지도, 블로그, 뉴스, 날씨, 영화예매 등)이 탑재되었다. 일반 스마트폰보다 훨씬 많은 어플이 기본적으로 탑재되어 판매된 것이다. 앞으로 이러한 피처폰의 비중도 늘어날 것으로 보이며 인터넷 사용이 가능한 휴대폰의 보급은 2010년부터 급성장할 것이다.

QR 코드 026
http://goo.gl/7ucR
MAXX의 다양한 앱들

INSIGHT _ 스마트폰의 정의

2005년만 해도 스마트폰에 대한 정의는 두 손가락으로 사용하는 폰을 지칭했다. 일반 휴대폰은 한 손가락으로 전화번호를 눌러서 사용하는 반면 2005년경의 스마트폰은 PDA폰으로 메일이나 일정 등의 데이터 입력을 위해 두 손가락으로 컴퓨터 키보드를 사용하듯 이용했다. 이 당시의 스마트폰은 두 손가락을 이용해 사용하는 폰을 지칭했다.

하지만 200년부터 스마트폰은 오픈 OS, 개방형 OS가 탑재된 휴대폰을 일컫는다. 안드로이드, 아이폰OS, RIM OS, 심비안, 윈도우 모바일 등의 운영 체제가 탑재되어 어플의 설치와 삭제가 자유로운 휴대폰을 뜻한다. 이러한 OS가 탑재되지 않은 위피, WAP 기반의 휴대폰은 피처폰이라고 부른다.

보급형 안드로이드와 고급형 아이폰 시장

국내 휴대폰이 모든 국민에게 보급될 수 있었던 이유는 싼 가격 때문이다. 스마트폰이 대중적으로 보급되려면 가격이 하락해야 한다. 출고가 80만 원 이상의 가격으로는 대중화되기 어렵다. PC가 대중적으로 보급되고 WWW가 보편화될 수 있었던 것은 컴퓨터와 초고속 인터넷 사용료가 쌌기 때문이다. 아이폰이 스마트폰 시장을 열어준 것은 사실이지만 아이폰을 사용하려면 그만큼의 대가를 치러야 한다. 대략 아이폰 3GS(32GB)를 사용하려면 약 40만 원의 구입가와 2년 약정으로 최소 3만 5천 원의 요금제에 가입해야 한다. 전화통화와 SMS 사용이 많거나 인터넷 사용량이 많다면 한 달에 약 5만 원 이상의 통신비가 든다. 이러한 요금제에 대한 부담이 스마트폰의 보급에 걸림돌이 될 수밖에 없다.

하지만 안드로이드 기반의 스마트폰은 가격이 싼 편이다. OS 가격을 구글에 지불하지 않아 아이폰과 비교해 출고가가 낮은 제품들이 많다. 사용자의 구미에 맞게 CPU의 속도와 메모리 용량을 낮추거나 특정한 기능을 제외해 싼 가격에 판매하기도 한다. 실제로 KT의 넥서스원은 아이폰3GS와 비교해서 출고가가 60만 원대에 불과하다. 대체로 스마트폰은 80~100만 원인데 일반 피처폰은 50~60만 원 정도이다. 일부 저가형 피처폰은 30~40만 원대의 출고가로 공짜폰(버스폰)으로 판매되기도 한다.

아이폰은 단일 기종으로 고급형 스마트폰이다. 다소 가격이 비싸지만 애플의 브랜드와 아이폰의 고급 기능을 필요로 하는 20~30대의 직장인과 대학생들을 대상으로 하고 있다. 반면 안드로이드는 제품의 종류가 다양하기 때문에 고급형, 보급형 두 가지로 나누어 시장의 다양한 요구를 수용할 수 있다. 삼성전자의 갤럭시S나 소니에릭슨의 X10, HTC의 EVO 등은 아이폰과 대항하는 고급형 제품이다. 반면 넥서스원과 모토로라, DELL에서 출시하는 폰들이 보급형 제품에 속한다. 앞으로 좀 더 많은 저가형 안드로이드폰이 출시되면서 고급 피처폰을 대체할 것으로 예상된다. 이렇게 되면 초저가형은 피처폰, 중저가형은 보급형 안드로이드폰, 고가형은 아이폰과 고급 안드로이드폰으로 형성될 것이다. 이러한 시장의 재편 속에서 스마트폰의 보급은 더욱 늘어날 전망한다.

 INSIGHT _ 스마트폰의 가격

2010년 6월 한국에서 판매되는 스마트폰은 10여 종으로 늘었다. 아이폰4가 출시되기 이전 SKT가 HTC, 팬택, 삼성전자 등과 다양한 안드로이드 기반의 스마트폰을 출시했기 때문이다. KT는 넥서스원, LGT는 옵티머스Q를 출시하며 본격적인 스마트폰 경쟁의 2라운드를 시작했다. 스마트폰의 출고가는 조금씩 다르지만, 보조금과 함께 대략 월 4만 5천 원의 요금제에 가입하면 20만 원 중반대에 스마트폰을 구매할 수 있다. 이 스마트폰은 약 500MB의 데이터를 사용할 수 있는데 스마트폰으로 인터넷 사용을 많이 하는 사용자에게 500MB는 다소 부족한 용량이다. 무료 통화, 무료 SMS가 제공되지만 넉넉하게 사용하려면 월 6만 원 정도의 비용을 지불해야 한다. 월 4만 5천 원의 요금제라면 2년(24개월)간 약 130만 원의 통신비가 든다. 하지만 실제로 스마트폰으로 인터넷 사용을 자주 하다 보면 실제 비용은 150~200여만 원 정도가 든다. 기존의 피처폰과 비교하면 2~3배 이상 비싼 가격이다.

바다폰과 윈도우폰의 뒷심

삼성전자는 아이폰과 대항하기 위해 초기 MS의 윈도우 모바일을 탑재한 옴니아2를 보급했다. 하지만 윈도우 모바일 6.1, 6.5의 소프트웨어의 한계로 시장의 냉담한 반응을 보였다. 이후 안드로이드를 기반으로 갤럭시 시리즈를 선보이면서 시장의 좋은 반응을 이끌어내고 있다. 그렇다고 삼성전자의 전략이 오로지 안드로이드 탑재폰으로만 향해있는 것은 아니다. 삼성전자는 MS의 윈도우폰7 OS를 기반으로 한 스마트폰의 투자도 병행하고 있다. 비록 MS가 스마트폰 시장에서 아이폰, 안드로이드에 밀려 선전하지 못하지만 야심차게 준비해온 윈도우폰7이 뒷심을 발휘할 것으로 예상하고 있다. 지난 2010년 초 MWC(Mobile World Congress)에서 발표한 윈도우폰7은 좋은 반응을 얻었다.

그림 07-02
윈도우폰7의 UI

MS는 윈도우폰7에 소셜 허브와 독특한 UI로 재도약을 꿈꾸고 있다. 윈도우폰7은 기존의 윈도우 모바일과 달리 윈도우폰7을 탑재하는 스마트폰의 최소 사양과 해상도, 사용성에 대해 별도의 가이드를 구성해 이를 준수하도록 하고 있다. 그만큼 MS는 스마트폰의 사용성, 표준성을 강조하겠다는 것이다. 2011년 MS가 윈도우폰7을 런칭하면서 제2의 스마트폰 부흥기가 올 것으로 예상된다. 2010년에는 아이폰과 안드로이드의 싸움이었다면, 2011년에는 안드로이드와 윈도우폰의 경쟁이 될 것이다.

또한 삼성전자처럼 독자 OS를 기반으로 스마트폰 시대에 대응하

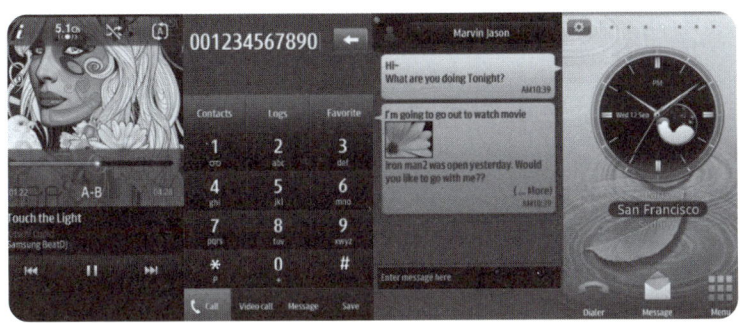

그림 07-03
삼성 바다폰의 UI

는 제조사의 움직임도 눈여겨봐야 한다. Palm을 인수한 HP 역시 웹 OS를 기반으로 한 독자 스마트폰에 대한 준비를 하고 있다. 삼성전자는 바다 OS로 안드로이드와 윈도우폰7과 별개로 또 다른 대응을 하고 있다. 바다는 피처폰과 스마트폰의 중간에 포지셔닝해서 스마트폰을 어려워하는 일반 피처폰 사용자를 대상으로 할 것으로 예상

 INSIGHT _ 블랙베리의 선전 이유

미국에서 아이폰보다 더 많이 팔리는 스마트폰은 블랙베리이다. 블랙베리의 최대 강점은 QWERTY 키보드가 내장되었다는 것과 메시징 서비스에 최적화되었다는 것이다. 풀터치로 제공되는 스마트폰은 콘텐츠를 보기는 편하지만 문자를 입력하는 것이 불편하다. 블랙베리는 훌륭한 키보드가 내장되어 있어 장문의 메시지나 메일을 입력할 때 유용하다. 반면 풀터치폰은 잦은 오타가 발생한다.

또 블랙베리는 전화, SMS처럼 메일과 메신저 등을 거의 실시간으로 사용할 수 있다. 이것은 블랙베리가 별도의 서버를 통해 자체 규격으로 메시징을 푸시해주기 때문에 가능하다. 아이폰에도 APNS(Apple Push Network Service)로 푸시가 지원되지만 블랙베리만큼 성능이 강력하지 못하다. 특히 블랙베리는 푸시 기반의 메시징을 사용함에도 불구하고 배터리 성능이 강력하다. 이러한 이유로 블랙베리는 비즈니스맨들에게 최고의 스마트폰으로 애용되고 있다.

된다. 피처폰에 익숙한 10대를 대상으로 중저가형 제품으로 자리매김할 것으로 보인다. 실제 MS는 KIN이라는 휴대폰을 만들어 SNS에 익숙한 10대를 대상으로 독특한 모바일 사업을 전개했다. 바다는 피처폰의 익숙함과 단순함을 기반으로 스마트폰의 다기능과 인터넷 사용성을 제공할 것으로 기대하고 있다. 모바일 사업을 준비하는 기획자에게는 아이폰과 안드로이드폰에만 주력할 것이 아니라 사업의 대상층과 비전을 생각해 윈도우폰7과 바다 등에 대한 대응 수준과 전략을 세워야 한다.

피처폰 시장에 거는 기대

스마트폰은 오픈 OS가 탑재되어 사용자가 자유롭게 소프트웨어(어플)를 설치할 수 있는 휴대폰이다. 그런데 누구나 이러한 스마트폰을 필요로 하는 것은 아니다. 스마트폰은 사용하기가 어려운 것이 사실이다. 그렇기 때문에 피처폰이 스마트폰을 흉내낼 수 있도록 제공되기도 한다.

모바일 웹이 들어간 인터넷폰

2009년 초부터 국내에 출시된 휴대폰에 풀 브라우저가 내장되기 시작했다. 웹 뷰어, 폴라리스 등의 브라우저가 피처폰에 내장되면서 PC에서 보던 웹을 볼 수 있게 되었다. 하지만 21인치에서 보던 WWW를 작은 3인치 화면에서 본다는 것이 편할 리 없다. 게다가 피처폰의 CPU 속도가 느리다 보니 PC에서처럼 빠른 속도로 웹서핑을 하는 것이 불가능했다. 물론 한 페이지에 약 1~2MB나 되는 웹

페이지를 다운로드 받는 것도 만만치 않다. 웹을 사용할 수 있도록 한 배려는 좋았지만 피처폰의 성능이 뒷받침해 주지 못했다.

하지만 점차 피처폰의 성능이 좋아지면서 웹 서핑의 속도도 개선되었다. 그럼에도 불구하고 3인치의 작은 화면에서 웹을 사용하는 것은 불편하고 속도도 느렸다. 물론 스마트폰에는 이미 웹을 사용할 수 있는 전용 브라우저가 내장되어 피처폰에 비해 좀 더 빠르게 웹을 사용할 수 있었다. 국내의 피처폰에 내장된 브라우저는 크게 폴라리스와 웹 뷰어 두 가지가 대부분이다. 반면 스마트폰에는 OS에 따라 제공되는 브라우저의 종류가 다르다. 아이폰은 사파리, 안드로이드는 웹킷 기반의 인터넷 브라우저, 윈도우 모바일에는 오페라와 인터넷 익스플로러 등이 포함되어 있다. 이처럼 휴대폰에 웹 브라우저가 내장되면서 홈페이지도 변화하고 있다. 작은 휴대폰 화면에서 쉽게

그림 07-04
모바일 웹 브라우저가 들어간 풀 브라우징폰

QR 코드 027
http://m.daum.net
다음의 모바일 웹
홈페이지

볼 수 있도록 모바일 전용 웹페이지가 제작되고 있다. 파란(paran)이 포털 중에는 국내 최초로 모바일 웹 전용 페이지를 제작했고 다음과 네이버, 네이트 등이 모바일 웹 전용 페이지를 운영하고 있다. 또한 홈페이지의 데이터 용량도 작아 휴대폰에서 빠른 속도로 웹을 사용할 수 있다.

 INSIGHT _ 웹 뷰어의 작동 원리

피처폰에서 운영되는 웹 뷰어는 일반적인 웹 브라우징과 다른 방식으로 서비스되고 있다. 이동통신사에서 별도의 서버를 운영해 이 서버에서 사용자가 연결한 웹 페이지를 이미지로 캡쳐해서 전송하게 된다. 그렇기 때문에 피처폰에서 직접 웹 페이지의 HTML을 처리하지 않고 서버에서 처리한 결과물만을 보내주게 된다. 휴대폰의 성능이 느리거나 기능이 지원되지 않아 처리할 수 없는 플래시와 특정 자바 스크립트가 포함된 페이지도 정상적으로 보이게 된다. 하지만 웹 뷰어는 피처폰의 성능이 좋아지면서 점차 사라질 운명에 처했다.

어플이 설치된 피처폰

스마트폰의 인기와 함께 위피 기반의 어플들이 탑재된 피처폰이 늘어가고 있다. 대표적인 것이 LGT와 LG전자가 만든 MAXX이다. 2010년 4월에 출시된 MAXX에는 네이버와 다음의 주요 어플들이 탑재되어 있다. 카페, 블로그, 미투데이, 지도, 날씨, 영화예매, 뉴스 등 웬만한 어플들이 위피로 개발되어 제공된다. 스마트폰처럼 새로운 어플을 자유롭게 설치할 수는 없지만 자주 사용하는 어플들이 기본적으로 제공된다.

이렇게 휴대폰에 특정 어플이 탑재되어 판매되는 것은 이동통신사와 해당 어플을 서비스하는 사업자가 사전에 제휴를 맺고 해당 폰에 특화된 어플을 개발했기 때문에 가능한 것이다. 아이폰, 안드로이드폰 등의 스마트폰은 오픈 OS가 탑재되어 있어 이동통신사와의 사전 제휴 없이도 서비스 사업자가 해당 OS에 어플을 개발해 마켓(앱스토어, 안드로이드 마켓 등)에 등록을 하는 방식으로 어플을 제공한다.

사용자 입장에서는 자주 사용하는 어플들이 휴대폰에 미리 탑재되어 제공되는 것이 나을 수 있다. 하지만 우리가 구입한 PC에 특정 소프트웨어가 설치되어 제공된다고 생각해 보자. 내가 필요로 하지 않는 소프트웨어가 설치되어 PC의 구입가가 높아지고 자주 실행하지도 않는 소프트웨어로 PC의 속도와 안정성에 영향을 준다면 바람직하지 않을 것이다. 휴대폰도 마찬가지로 사용자가 원하는 것을 임의로 선택해서 사용하도록 하는 것이 바람직하다.

피처폰은 스마트폰과 달리 어플을 설치하는 것이 자유롭지 않다 보니 어쩔 수 없이 사용자들이 즐겨 사용할만한 어플을 선정하여 탑재한 것이다. 나름대로 사용자를 위한 배려이다. 하지만 이런 근시안적인 대응보다는 사용자의 자유로운 선택권을 보장해주는 것이 바람직하다. 피처폰은 값싼 폰으로 전화통화만을 위한 기본 기능으로 포지셔닝하고, 스마트폰은 사용자의 자유로운 선택을 보장해주는 다기능 폰으로 포지셔닝하는 것이 이상적인 전략일 것이다. 피처폰에 임의로 일부 어플을 탑재하여 공급하더라도 실제 해당 어플들의 서비스 사용량이 스마트폰에 비해 적기 때문에 유지, 운영 비용만 더 들 뿐 실효성은 적을 것이다.

피처폰이 사라질 그날

PC에 386, 486 기종이 사라진 것처럼 점차 피처폰도 사라질 것으로 예상된다. 스마트폰이 저렴해지고 보편화되면서 피처폰도 386 컴퓨터처럼 사라질 것이다. 물론 유선 전화기가 휴대폰으로 완전히 사라지지는 않은 것처럼 휴대폰 역시 초저가형(완전 무료)으로 작은 시장을 형성할 것이다. 피처폰이 스마트폰으로 대처되면 우리의 인터넷 사용 환경도 크게 변화할 것이다.

현재 대부분의 인터넷 사용자들은 PC를 통해 인터넷을 사용한다. 그렇다 보니 PC 사용에 익숙하지 않은 60대 이상과 10대 이하 그리고 소외계층은 인터넷과 멀어질 수밖에 없다. 게다가 PC는 고정된 장소에서 사용해야 하기 때문에 외부 활동이 많은 사용자들은 인터넷에 연결할 기회가 줄어든다.

하지만 스마트폰의 보급이 늘어나면 인터넷 사용자가 지금보다 더 급증하게 될 것이다. PC와 있는 시간보다 휴대폰과 있는 시간이 더 길기 때문에 휴대폰을 이용한 인터넷 사용 시간이 PC에서의 사용 시간을 넘어설 것으로 전망된다. 하지만 직장인, 대학생 등 이미 PC에 익숙한 사용자의 경우에는 여전히 PC 사용 시간이 휴대폰보다 압도적으로 높을 것이다.

즉, 피처폰의 점유율이 낮아지고 스마트폰이 성장하면서 우리의 인터넷 사용 행태에도 커다란 변화가 있을 것이다. 이러한 변화는 새로운 사업의 기회이다. PC 기반의 웹보다 모바일 인터넷에 적합한 서비스와 산업, 비즈니스 모델이 향후 더 큰 주목을 받으며 성장하게 될 것이다. 이러한 사업의 기회는 이미 모바일 시장이 활성화된 일본과 미국, 유럽의 모바일 인터넷 산업과 서비스를 들여다보면 쉽게 찾을 수 있다.

INSIGHT _ MS의 10대 겨냥폰, KIN

PC 시장을 지배하던 거대한 공룡 MS가 모바일 시장에서는 애플의 아이폰과 구글의 안드로이드에 밀려 주목을 받지 못하고 있다. MS의 야심작인 윈도우폰7은 2011년에 출시되기 때문에 2010년에는 스마트폰 시장의 주도권을 찾지 못하고 있다. 이 같은 공백을 채우고자 MS는 10대 대상의 SNS폰인 KIN을 2010년 5월 버라이존을 통해 출시했다. KIN은 10대들이 좋아하는 SNS인 페이스북, 마이스페이스, 트위터를 쉽게 사용할 수 있도록 최적화되어 있다. 또 사진과 동영상을 친구들과 메일, MMS를 이용해 쉽게 공유하고 SNS에 등록할 수 있도록 했다. MSN 라이브 메신저도 함께 제공해 또래 커뮤니케이션을 좋아하는 10대를 겨냥한 휴대폰으로 포지셔닝하고 있다. 하지만 이 휴대폰은 아쉽게도 시장에서 주목받지 못하고 실패했다.

QR 코드 028
http://goo.gl/L7qJ
MS의 10대 SNS폰 KIN

모바일 핵심 킬러앱의 가치

킬러앱은 사용자들이 자주, 오래, 많이 사용하는 서비스를 일컫는다. PC에서의 킬러앱은 인터넷 익스플로러, MS 워드, 파워포인트, 한글, 알집, 알씨인 것처럼 웹에서의 킬러앱은 네이버, 다음, G마켓, 옥션 등이다. 그렇다면 모바일의 킬러앱은 무엇일까?

08
모바일이 주는 가치와 비전

왜 모바일 플랫폼이 주목받고 있고 미래의 성장동력이라 추앙받는 것일까? 그것은 기존의 PC에서는 경험할 수 없었던 새로운 체험 때문이다. 또한 PC의 인터넷과는 또 다른 시간 비즈니스를 만들어 주기 때문이다. 모바일이 주는 가치와 비전은 새로운 기회와 가능성을 만들어 주고 있다.

시간 비즈니스 측면에서의 가치

방송사, 신문사, 통신사, 인터넷사, 게임사는 모두 하나의 목표를 가지고 있다. 바로 사용자의 시간을 많이 차지하는 것이다. 우리가 가진 자원 중에 유한한 것은 시간이다. 하루는 유한하기 때문에 이 시간을 차지하고, 점유하는 것은 비즈니스의 기회를 얻는 길이다.

시간 비즈니스 모델의 가치

방송사에서 방송하는 수많은 프로그램들의 과제는 시청률이다. 보다 많은 시청률을 확보해야 프로그램이 지속되고 운영될 수 있다. 시청률이 담보되지 않으면 광고가 실리지 않아 프로그램을 폐지해야 한다. 신문사는 구독률이 중요한 성과이다. 구독자수가 적으면 신문에 게재하는 광고가 제 값을 받지 못하게 된다. 포털의 목표는 좀 더 많은 사용자가 방문해서 UV(Unique Visitor)와 PV(Page View)를 높이는 것이다. 포털의 UV, PV가 높아야 그만큼 광고를 게재할 수 있는 범위도 많아진다. 게임업체는 많은 사용자들이 그들의 게임에 연결해서 오래도록 체류하도록 만드는 것이 목표이다. 이 모든 것이 결국 사용자들이 많은 시간을 해당 서비스, 미디어에 소비하도록 만드는 목표를 가지고 있다.

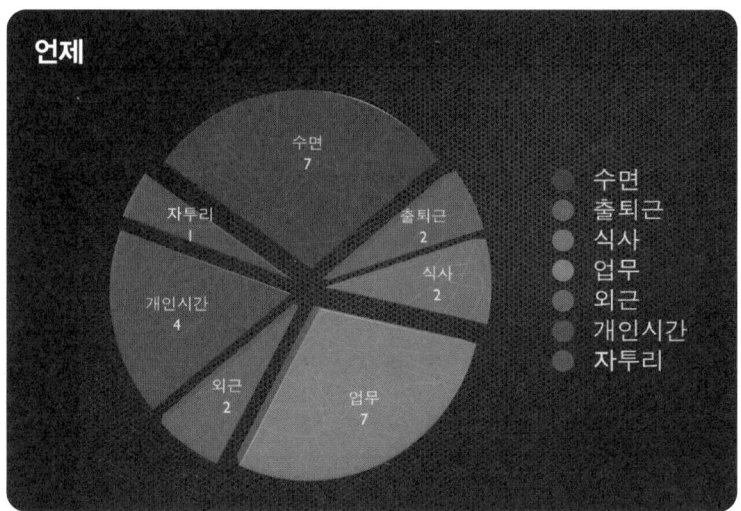

그림 08-01
우리는 언제 모바일을 사용할까?

"나이키의 적은 닌텐도이다."라는 말은 시간 비즈니스의 견지에서 경쟁구도를 바라본 것이다. 사람들이 집에서 닌텐도 게임을 할수록 밖에 나가 뛰어놀 시간이 줄어들기 때문에 나이키의 스포츠 용품이 팔리지 않게 된다. 포털에서 뉴스와 방송을 보는 시간이 늘어나면 신문TV를 보는 시간은 줄어들기 마련이다.

사용자의 시간을 점유하게 되면 사용자의 눈길을 가지게 된다. 이것은 곧 관심을 확보하게 되며 영향력을 가져가는 것이다. 사용자들이 신문과 TV를 보지 않고 포털에 게재된 콘텐츠를 보게 되면 미디어의 영향력은 포털이 가져간다. 비록 포털에서 신문사와 방송사에서 공급한 콘텐츠를 본다고 할지라도 사용자들은 포털의 눈과 귀로 세상을 바라보게 되는 것이다. 이것이 시간 비즈니스의 핵심이다. 사용자의 시간을 점유하게 된다는 것은 단지 시간이 아니라 생각과 사고에 영향을 끼치게 되는 것이다. 우리는 이미 한국의 이슈와 정보를 얻기 위해 네이버와 다음에서 뉴스를 본다. 그것은 포털 사용자들의 시간 점유율이 높기 때문이다.

우리의 하루

스마트폰의 확산과 함께 모바일이 새로운 대세가 될 것임은 누구도 부정할 수 없을 만큼 자명한 일이 되었다. 하지만 과연 PC통신을 WWW가 대체한 것처럼 PC 기반의 인터넷 서비스에 모바일이 어떠한 영향을 줄 것인가에 대해서는 아직 의견이 분분하다. 많은 리서치 기관과 전문가들은 모바일 인터넷 사용량이 PC 인터넷 사용량을 앞설 것으로 예측하고 있다. 과연 모바일은 하루 중 얼마나 많은 시간을 점유하게 될까.

글로벌 시장을 본다면 당연히 모바일 기반의 인터넷 시간이 PC 기반의 인터넷을 앞설 수 있으리라 본다. 아직 세계적으로 PC가 100퍼센트 보급되지 않았고 PC를 이용한 유선 인터넷 연결에 어려움을 겪는 국가가 많기 때문이다. 반면 PC보다 저렴하고 무선 인터넷 구축이 초고속 유선 인터넷 구축보다 비용이 적게 들기 때문에 휴대폰 기반의 인터넷 보급률이 빠르게 확산되면서 모바일 인터넷 시간이 크게 증가할 것으로 예상된다.

그렇다면 한국 시장은 어떨까. 초고속 인터넷 보급이 전체 가구의 92퍼센트에 육박할 정도로 세계 최고의 인프라를 갖추고 있다. 잘 갖춰진 인터넷 도구가 있음에도 불구하고 휴대폰에서 모바일 인터넷을 사용해야 할 이유는 없다. PC가 없는 곳(PC를 편하게 접근할 수 없는 곳)에서 모바일 인터넷이 훌륭한 대안이 될 것이다. 전원을 켜서 1분 이상 기다려야만 인터넷 연결이 가능한 PC의 불편함을 때때로 해소해주는 것도 스마트폰 인터넷이 주는 즐거움이다. 그렇다면 이러한 사용 시간을 모아보면 24시간 중에 얼마나 될까?

QR 코드 029
http://goo.gl/azK5
무선 인터넷 사용량 증가 전망

통계청과 여러 리서치 기관에서 조사한 자료들을 보면 대략 대한민국 성인 평균 하루 TV 시청 시간은 2시간 30분, PC 사용 시간(주로 인터넷)은 3시간 정도로 추론해 볼 수 있다. 그 외에 신문을 보고, 잡지와 책을 읽고 라디오를 듣는 시간 등을 합하면 하루 약 5~6시간을 미디어를 보거나 듣거나, 컴퓨팅과 인터

QR 코드 030
http://goo.gl/1BWX
우리의 라이프 스타일
리서치 보고서

넷 서핑을 하는 데 소비하고 있다. 잠자는 시간과 밥 먹는 시간 그리고 출퇴근(또는 등하교 등)하는 시간을 빼면 약 12~13시간이 남는다. 그 중의 50퍼센트를 무엇인가 집중하며 보고 듣는데 투자하고 있는 것이다. 우리의 비즈니스가 속한 산업에 대해 이러한 시간의 관점에서 해석하면 향후 산업의 전망과 규모를 예측하는 데 도움이 될 것이다.

 INSIGHT _ 대한민국 국민의 24시간

LG경제연구소에서 통계청에서 발표한 '생활시간 조사 결과'를 기반으로 한국인의 24시간을 조사한 자료에는 2004년 대비 2009년 한국인의 달라진 24시간을 알 수 있다. 대표적으로 주목할 점은 코쿠닝족이 늘었다는 점이다. 바깥에 나가지 않고 집에서 디지털 기기를 이용해 인터넷이나 게임을 하는 시간이 많아졌다는 것이다. 반면 하루 미디어 사용 시간(TV, 신문, 잡지, DVD 시청 등)은 줄어들었다. 역시나 PC를 이용한 게임과 인터넷 사용 시간은 늘고 있다. 이처럼 하루 24시간을 어떻게, 얼마나 사용하는지에 따라 시장이 변화하게 된다.

PC의 대체재가 아닌 보완재

스마트폰 사용이 늘어나면 PC 사용이 줄어들게 될까? 만일 그렇다면 PC 기반의 산업은 스마트폰의 성장과 함께 침체될 우려가 있다. WWW의 성장과 함께 PC통신이 사라진 것처럼 PC 역시 스마트폰으로 대체될 수 있다. 과연 스마트폰은 PC의 대체재일까?

PC와 스마트폰은 상호 보완적으로 작용된다. 스마트폰을 사용한다고 해서 PC의 사용 시간이 크게 줄어드는 것은 아니다. 일부는 스마트폰으로 인하여 굳이 PC를 켜지 않아도 되므로 부분 PC 사용 시간이 줄어드는 경험을 할 수 있다. 간단한 메일을 확인하거나 정보를 검색하기 위해 스마트폰을 이용하는 것이 더 빠르고 편하기 때문이다. 그렇지만 복잡한 컴퓨팅 작업(문서작성, 데이터 입력, 블로깅, 업무 등)은 스마트폰이 대체할 수 없다. 오히려 귀찮아서 PC를 켜지 않던 경우에도 스마트폰을 이용하기 때문에 PC를 보완하게 만든다는 것이 더 정확하다.

스마트폰은 과거 PC 사용에 자유롭지 않거나 PC를 사용할 수 없던 공간에서 PC의 역할을 보완해 주고 있다. 비싼 가격과 어려운 PC보다 스마트폰은 쉽게 이용할 수 있다. 화면은 작지만 PC보다 조작이 쉽다. 이러한 스마트폰의 특성으로 과거 PC를 조작하는데 어려움을 겪던 PC 소외층에게 스마트폰은 컴퓨팅, 인터넷 사용을 촉박시킬 것이다. 또한 PC를 사용할 수 없던 장소에서의 스마트폰 사용

 INSIGHT _ 사 람 의 멀 티 태 스 킹

멀티태스킹은 동시에 여러 가지를 작업하는 컴퓨팅 기술을 뜻한다. 도스에서 윈도우로의 변화와 함께 멀티태스킹이 가능하게 되었다. 문서 작업을 하면서 웹 서핑을 하고, 음악을 들을 수 있다. 스마트폰 역시 안드로이드가 멀티태스킹을 지원하면서 아이폰 역시 아이폰 OS 4.0부터 멀티태스킹을 지원하고 있다. 이처럼 사람도 멀티태스킹이 가속화되고 있다. 인터넷을 사용하면서 동시에 여러 가지 작업을 병행하는 것은 이미 자연스러운 일이 되었다.

스마트폰 역시 이런 멀티태스킹을 더욱 가속화시킬 것이다. 모바일을 사용하면서 PC를 이용하거나, TV를 보는 등의 동시 작업을 늘어나게 만들 것이다. 실제 스마트폰을 사용하는 사용자들이 회의를 하면서, 강의를 들으면서, 친구와 수다를 떨면서 3인치 화면을 들여다보는 경우를 많이 발견하게 된다. 이러한 멀티태스킹이 주의력을 부족하게 만들고 집중력을 분산하는 문제를 야기하는 것도 사실이지만 스마트폰은 동시 작업을 익숙하게 만들어주고 있다.

량이 늘어나 전체적으로 모바일 사용 시간이 점차 증가할 것으로 예상된다. 이것은 PC를 사용하는 시간을 줄어들게 하는 것이 아니라 과거 PC를 사용할 수 없던 곳에서의 스마트폰 사용 시간이 늘어나는 것이다. 스마트폰의 사용이 늘어나면서 PC를 자주 접하지 않던 사용자들의 PC 사용 시간도 늘어나게 만들어 전체적으로 PC와 스마트폰은 상호 보완재로써 동반 성장하게 될 것이다.

미디어 측면에서의 모바일

미디어와 서비스의 통합은 웹에서 포털이 시장 지배력을 얻기 시작하면서 시작되었다. 웹이 매스미디어에 커다란 충격을 주며 온라인 미디어 시대(미디어 2.0)를 연 것처럼 모바일은 새로운 미디어 시대를 열 것이다. 또한 웹의 서비스 트렌드와는 또 다른 서비스의 혁신도 가져다 줄 것이다.

웹의 연장선에서의 모바일

스마트폰의 사용이 늘면서 주로 사용하는 서비스는 교통정보, 지도, 메일, SNS, 뉴스, 날씨, 검색 등이다. 그런데 이들 서비스는 모두 이미 WWW에서 제공되는 것들이다. 물론 3인치 스크린에 맞춰 그 형태와 구성, UI가 달라졌다. 하지만 사용하는 콘텐츠는 동일하다. 그렇다 보니 모바일은 결국 웹의 연장선상에 존재하게 된다.

무엇보다 PC와 스마트폰이 상호 보완재로써 동작되기 때문에 모바일만을 위한 전용 서비스를 만드는 것은 PC와의 연계를 고려하지 않은 처사이다. 웹과 모바일 양쪽 모두를 대상으로 서비스를 구성하는 2-스크린(PC와 스마트폰 스크린) 전략을 구상해야 한다. 오로지 모바일만을 대상으로 서비스를 구성하면 PC-WWW를 이용해 연결하는 사용자를 놓치게 된다. 양쪽 모두의 서비스를 제공해야 상호 보완하며 많은 트래픽을 유발할 수 있는 서비스를 구성할 수 있다.

QR 코드 031
http://goo.gl/ABZM
언론사용 아이폰 어플

TV, PC, 휴대폰 이 세 가지의 스크린을 연계해서 미디어 전략을 구사하는 것을 3-스크린 전략이라 한다. 모바일에서의 서비스는 PC 기반의 웹과 따로 생각할 수 없다. 어차피 모바일을 통해 보던 서비스가 PC 웹을 통해서도 볼 수 있어야 상호 연계되며 성장이 가능하기 때문이다. 이런 이유 때문에 신문사와 방송사가 모바일 시장에 대해 발빠른 대응을 하고 있다. 이미 국내의 상당수 신문사들이 아이폰용 신문 앱을 만들었고, MBC와 SBS 그리고 KBS가 스마트폰용 어플을 만들어 라디오 서비스를 제공하고 있다. SBS는 유료 앱으로 SBS TV를 On Air로 볼 수 있는 서비스도 제공하고 있다.

미디어3.0 시대를 열어 줄 모바일

신문과 방송이 지배하던 1970~2000년대의 매스미디어 시대는 일방통행의 미디어 시대였다. 편집권과 방송권을 가진 절대자들이 그들의 손과 입으로 여론을 형성하고 메시지를 전달했다. 시청자와 구독자들은 기자와 PD가 생성한 콘텐츠를 일방향으로 소비할 뿐이다. 하지만 2000년대부터 웹 기반의 포털이 등장하면서 온라인 미디어가 주목을 받기 시작했다. 온라인 미디어는 사용자들이 참여해 직접 글을 쓸 수 있도록 했다. 매스미디어처럼 일방향이 아닌 쌍방향으로 사용자들의 참여를 이끌어냈다. 내가 블로그와 카페에 쓴 글이 포털의 페이지에 게재되어 많은 사람들이 볼 수 있게 된 것이다. 또한 신문사의 기자가 쓴 글에 댓글을 써서 기사에 대한 자신의 생각을 밝히고 다른 사람들과 공유할 수 있게 되었다. 미디어2.0 시대가 열린 것이다.

　매스미디어가 소비의 시대였다면, 온라인 미디어는 생산의 시대를 만들었다. 그렇다면 모바일 미디어는 어떤 변화를 가져다 줄까. 모바일은 생산과 소비를 이어주는 리액션의 시대를 만들 것이다. 모바일 시대가 개막되면서 주목받게 된 서비스로 SNS가 있다. 대표적으로 트위터가 모바일의 부흥과 함께 핵심 킬러앱으로 자리매김하

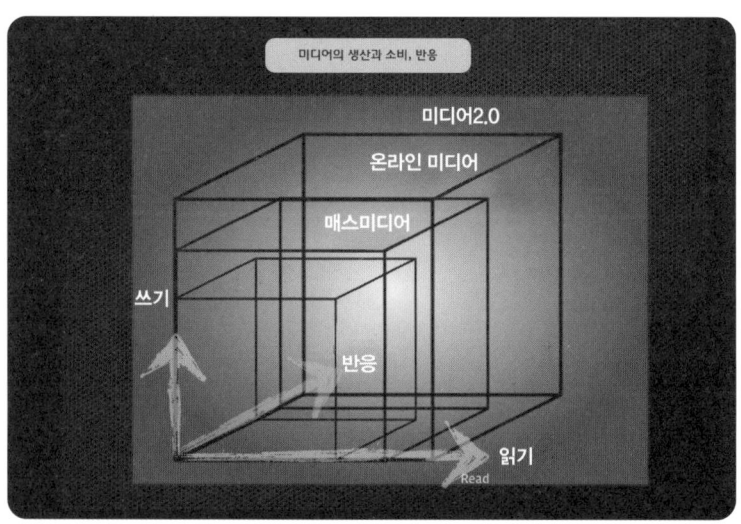

그림 08-02
사용자의 반응에 의해 운영되는 모바일 미디어의 특성

고 있다. 트위터는 신문, 블로그에서 생산된 콘텐츠를 지인들에게 전파하는 역할을 톡톡히 하고 있다. 그러면서 좀 더 빠르게 콘텐츠가 전파되고 소비될 수 있도록 독려해 준다. 일종의 미디어의 촉매제 역할을 하는 것이다.

SNS는 이슈가 되는 콘텐츠에 반응하고 이것을 많은 사람들에게 빠른 속도로 전파하고 있다. 이것은 모바일이 SNS에 최적화된 플랫폼이기 때문에 가능한 것이다. 컴퓨터 앞에서 앉아서만 미디어에 참여하는 것이 아니라 모바일을 통해서 미디어에 참여하게 만든 것이 모바일 시대의 달라진 미디어의 변화상이다.

SNS와 모바일의 결합

SNS가 모바일과 궁합이 맞을 수 있었던 이유는 휴대폰이 갖는 특성 때문이다. 휴대폰은 누군가와 연결하고 커뮤니케이션하기 위해 사용되는 기기이다. 그런 이유로 휴대폰에는 지인들의 연락처가 기록되어 있다. 이미 휴대폰 그 자체가 소셜 네트워크 서비스의 특성을 가지고 있는 것이다. 휴대폰을 만지작거리며 최근 통화 목록과 연락처를 뒤지는 이유는 친구와 대화를 나누며 근황을 알기 위함이다. 트위터, 페이스북 등의 SNS가 갖는 서비스 용도와 유사하다.

트위터가 급부상하게 된 배경은 스마트폰에 어울리는 서비스이기 때문이다. 140자의 단문으로 메시지를 입력할 수 있는 트위터는 장문의 문자 입력이 불편한 휴대폰의 특성을 고려한 것이다. 스마트폰을 만지작거리며 트위터에서 팔로잉한 지인들이 무슨 생각을 하고 있고 어떤 글을 남겼는지 보는 것은 누군가와 수다를 떨기 위해

QR 코드 032
http://goo.gl/3.lm6
소셜 미디어의 정의

휴대폰을 열어보는 것과 동일한 제스처이다.

모바일과 소셜 네트워크의 두 가지 변화와 함께 미디어3.0 시대가 열리고 있다. 앞서 살펴본 것처럼 미디어3.0은 리얼 타임, 리액션의 특성을 갖추고 있다. 이와 함께 모바일과 궁합이 맞는 SNS의 특성이 가미되어 소셜 미디어의 특징을 함께 보여준다. 소셜 미디어 시대는 미디어를 혼자 소비하고 생산하는 것이 아니라 함께 만들어가는 모습을 보여준다. 이슈가 될만한 콘텐츠를 함께 발굴해서 이를 많은 사람들과 공유하고 반응하면서 좀 더 성숙한 콘텐츠의 재탄생을 유발시키는 것이 미디어3.0의 모습이다.

 INSIGHT _ 모바일 사용 패턴

혼자 PC 앞에 앉아 인터넷을 할 때는 대부분 오랜 시간을 사용한다. 반면 모바일에서의 인터넷 사용 패턴은 짧게, 자주 사용한다. 모바일 인터넷은 짜투리 시간대에 사용하다 보니 짧은 호흡이 일반적이다. 긴 장문의 콘텐츠를 읽는 것보다 간단하고 짧게 볼 수 있는 콘텐츠가 주목을 받는다. 그런 면에서 짧게 읽을 수 있는 트위터와 같은 서비스가 모바일의 사용 행태와 가장 궁합이 잘 맞을 수밖에 없다. 물론 유튜브, tv팟과 같은 동영상 UCC도 모바일의 특성에 적합한 콘텐츠들이다.

사용자 관점에서의 모바일

기술과 과학으로 포장된 IT는 사용자를 빼놓고 생각할 수 없다. 모바일의 가치와 비전을 고려할 때 기술보다는 사용자적 관점에서 바라봐야 한다. 사용자들은 3인치의 작은 화면을 언제, 어디서, 얼마나 바라보게 될까. 이 해답을 찾는 곳에서 모바일의 가치를 예견할 수 있다.

언제 모바일을 사용할까?

모바일을 사용하는 시간대는 PC와 비교하면 모든 시간대가 균일하다는 것이 큰 차별점이다. 물론 잠이 드는 밤 12시부터 오전 6시는 PC와 마찬가지로 사용량이 급격하게 줄어든다. 하지만 그 외의 시간대는 PC처럼 들쑥날쑥하지 않다. PC는 아침 6시부터 점차 인터넷 사용량이 늘어 9시에는 급격하게 커지기 시작한다. 이후 오전 11시 무렵부터 줄어들기 시작해서 정오인 12시에 급락하고 다시 오후 1시부터 사용량이 늘어간다. 이후 오후 2~3시에 잠깐 줄었다가 6시부터 지속적으로 하락한다.

반면 모바일 인터넷 사용량은 출근 시간대인 오전 8~9시에 급격히 커지다가 지속적으로 사용량이 늘어난다. 무엇보다 점심 무렵인 11시~1시에 사용량이 더 커진다. 점심을 먹으로 밖에 나가 주변의 맛집이나 지역정보를 검색하는 비율이 높기 때문에 인터넷 사용량이 늘어나는 것이다. 심지어 6시 이후 퇴근 무렵부터는 트래픽이 더 상승한다. 퇴근하면서 스마트폰을 통해 교통정보와 버스정보를 이용하며 버스, 지하철에서는 뉴스 등의 콘텐츠 소비가 늘어나기 때문이다. 이후 저녁 9시부터 소폭 하락하다가 11시에 트래픽이 늘어난다. 이는 잠자기 전에 스마트폰을 통해 인터넷 사용이 늘어나기 때문이다.

이처럼 모바일 인터넷 사용은 PC와는 다른 패턴을 보인다. 가장 큰 차이는 PC를 사용할 수 없는 장소, 시간대에서의 인터넷 사용량이 높다는 점이다. 아울러 PC와는 달리 전체적으로 고른 사용 시간을 가지고 있다는 점도 큰 특징이다. 스마트폰은 항상 휴대하고 다니기 때문에 그 어떤 디지털 디바이스보다도 사용자와의 접근성이 높다는 것을 말한다.

 INSIGHT _ 주말의 모바일 트래픽 변화

PC 인터넷 트래픽은 주말에 크게 하락한다. PC는 월요일에 트래픽이 높은 반면 주말에는 PC와 멀어지기 때문에 하락한다. 하지만 모바일 트래픽은 오히려 주말에 상승한다. 여행을 가거나 외식을 하기 위해 모바일로 인터넷을 사용하기 때문에 발생하는 현상이다. 추석이나 설과 같은 대단위로 이동하는 명절에도 모바일 트래픽이 크게 상승한다. 모바일 지도와 같은 위치 기반의 검색 서비스 사용량이 크게 증가한다.

3인치 화면을 어디서 보게 될까?

사람들이 하루 중 언제 스마트폰을 보는지 연구하면서 얻은 결과는 PC를 사용할 수 없는 곳과 접근성이 떨어지는 때에 스마트폰을 본다는 것이다. 또 출퇴근 시간대에 모바일 인터넷 사용량이 높다는 것은 버스와 지하철에서 스마트폰을 사용한다는 것을 의미한다. 이러한 사용패턴은 지하철에서 우리의 눈을 사로잡았던 무료 신문과 각종 지하철 광고에 영향을 줄 것이다. 물론 잡지, 신문, 책을 보는 시간도 줄어들 것이다.

다음으로 거리, 커피숍, 쇼핑몰 등 이동이 잦은 장소에서의 짜투리 시간에 스마트폰을 이용한다. 거리나 커피숍에서 누군가를 기다리며 시간을 보낼 때 스마트폰 화면을 들여다보는 경우가 점차 많아지고 있다. 특정 장소를 찾거나 무엇인가 급하게 정보를 검색할 때도 스마트폰 사용이 늘기도 한다. 쇼핑몰에서도 물건 구매를 위한 정보를 찾거나 가격 비교를 위해 모바일 검색을 즐겨 사용한다.

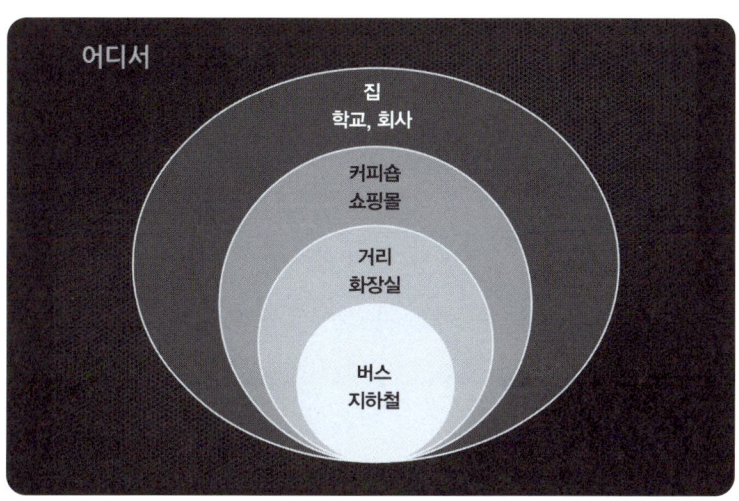

그림 08-03
스마트폰의 주요 사용 장소

그런데 재미있게도 PC가 있는 곳에서의 모바일 사용도 눈에 띈다. 집, 학교, 회사에서의 스마트폰 사용량도 늘어가는 추세를 보인다. 집에서는 TV를 보거나 식사를 할 때, 침대 위에서 스마트폰을 사용한다. 노트북을 사용하기에는 부담스럽고 잠깐 정보를 검색하거나 시간을 보내고, 메일을 확인하는 목적으로 이용된다. 이러한 사용 행태는 학교에서 공강 시간, 회사에서 회의 시작 전이나 엘리베이터 등에서도 목격할 수 있다.

 INSIGHT _ 모바일에서의 검색어

사용자들은 모바일에서 주로 어떤 검색어를 많이 사용할까. PC 웹에서는 워낙 다양한 종류의 검색어가 사용된다. 실시간 이슈 검색어에 대한 반응률이 꽤 높다. 반면 모바일에서는 사용자들이 많이 사용하는 키워드들의 공통점이 있다. 로또 번호, 날씨, 맛집, 정류장, 주유소, 화장실, 인물 검색, 가격 비교 등이 모바일에서 널리 이용된다. 주로 생활형 키워드들이 많다.

모바일을 얼마나 사용할까?

스마트폰을 언제, 어디에서 주로 이용하는지 관찰하다 보면 자연스럽게 모바일이 차지하는 시간의 비중을 짐작할 수 있다. 장소와 시간대를 살펴보면 PC와 크게 충돌하지 않음을 알 수 있다. 스마트폰을 사용하는 장소, 시간대가 PC 앞에 앉아 있는 시간과는 크게 차이가 난다. 이러한 이유 때문에 모바일은 PC와 상호 보완재로써 작용할 것임을 예측해 볼 수 있다. 그렇다면 과연 하루 중에 모바일을 몇 시간이나 사용하게 될까?

애플의 발표에 따르면 아이폰에서 어플을 사용하는 시간은 하루 평균 30분 정도라고 한다. 국내의 통계청 발표에 따르면 2004년 대한민국 성인의 하루 휴대폰 사용 시은 약 24분 정도였다. 그런데 아이폰의 어플만 사용하는 시간이 평균 하루 30분이라는 것은 대단한 숫자이다. 국내에 스마트폰이 많이 보급되면 전화통화하는 것보다 훨씬 많은 시간을 스마트폰 화면을 보는 데 사용될 것이다. 과연 몇 시간이 될까?

QR 코드 033
모바일 인터넷
사용 시간에 대한
유럽 리서치 결과

대략 하루 동안 PC를 사용하는 시간을 평균 3시간으로 볼 때, 스마트폰을 사용하는 시간도 PC의 사용 시간을 금새 따라잡을 것으로 예상된다. 그 이유는 PC를 사용하지 않던 사용자들도 스마트폰으로 인해 PC에서 하던 인터넷과 간단한 컴퓨팅 작업을 할 것이기 때문이다. 또한 애플이 말한 어플 사용 시간 외에도 사파리를 통해 모바일 웹을 사용하는 시간도 계속 늘어갈 것으로 전망된다. 이러한 시간들이 합해지면 모바일은 PC 못지 않은 트래픽, 사용자의 시간을 유입시키는 중요한 매개체가 될 것이다.

09
모바일 시장 정복을 위한 플랫폼 장악

모바일 산업과 비즈니스를 이해하기 위해서는 플랫폼 관점에서 모바일을 해석할 수 있어야 한다. 모바일 플랫폼의 IT적인 해석은 하드웨어, 소프트웨어, 네트워크로 분리해서 바라보는 것이다. 하지만 산업을 이해하려면 기술보다는 산업 전반에서 해석해야 한다. 이 세 가지의 관점으로 모바일 산업을 들여다보자.

콘텐츠 유통 플랫폼으로써의 모바일

모바일은 콘텐츠를 나르는 유통 플랫폼으로써 이미 스마트폰 이전에 성과를 보여주었다. 휴대폰을 이용해 사진을 촬영해서 지인들과 공유하고, 음악을 듣고, 게임을 하는 등의 콘텐츠 소비 활동을 했다. PC와 달리 모바일은 결제의 심리적 장벽도 약하다 보니 마트에서 물건을 구매하듯이 콘텐츠를 구매하기 적합하다.

모바일 플랫폼의 성공 요인, 콘텐츠

"멍청아, 문제는 콘텐츠야!(http://lswcap.com/191)"라는 어느 포스팅에서 말하듯 콘텐츠에 따라 흥망성쇠가 결정된다. 스마트폰 역시 성공의 핵심은 결국 볼만한 콘텐츠가 있느냐 하는 것이다. 여기서 중요한 것은 그 콘텐츠가 어플의 개수를 말하는 것인지, 핵심 킬러앱에서 제공하는 콘텐츠(데이터)를 말하는 것인지에 대한 판단이다. 결론부터 말하자면 어플의 개수보다 데이터의 수가 더 중요하다.

종종 일본으로 출장을 갈 때면 S로밍(http://www.sroaming.com)이라는 서비스를 이용한다. 하루 2,000원의 사용료만 내면 무제한의 데이터 서비스를 이용할 수 있다.(단, 통화료와 SMS는 무척 비싸다.) S로밍이 탑재된 USIM을 빼내어 언락된 내 아이폰에 꽂아서 사용하는 것도 가능하다.

일본에서 아이폰으로 버즈, 트위터, 포스퀘어 등의 어플을 실행하고 Nearby를 선택하면 수많은 콘텐츠가 가득함을 알 수 있다. 같은 플랫폼이건만 한국에서는 비어있던 콘텐츠들이 일본에서는 가득하다. 콘텐츠가 가득할 수 있었던 것은 해당 서비스를 사용할 수 있는 단말기가 많이 보급된 탓도 있지만, 사용자들의 적극적 참여로 많은 UCC가 쌓이다 보니 볼거리가 많아진 것이다. 네이버의 지식인과 위키피디아 등이 사용자의 자발적 참여로 성장할 수 있었던 것과 같다. 아이폰의 일본 사용자들의 참여가 많을 수 있었던 배경 중 하나는 모바일 라이프가 생활화되었기 때문이다. QR 코드는 일본 사람들의 생

QR 코드 034
다양한 일본의
QR 코드 사례

INSIGHT _ 해외에 나갈 때의 필수 앱

1. 스카이프

스카이프는 와이파이는 물론 3G에서도 스카이프 사용자와 무료로 통화를 할 수 있다. 일반 전화로 전화를 걸 수도 있다. 또 휴대폰으로 국제 전화를 할 때보다 훨씬 저렴한 비용을 스카이프에 지불하고 통화를 할 수도 있다. 그 외에 프링, 님버즈라는 어플을 이용하면 MSN 메신저나 구글 토크 등의 다양한 메신저를 이용할 수 있다.

2. 스마트 SMS

한국에 있는 지인들에게 공짜로 SMS를 보낼 수 있다. 무료로 제공되는 여러 인터넷 사이트의 SMS를 이용할 수 있다. 와이파이로 연결된 상태에서 보내면 별도의 SMS 비용 없이도 한국 사용자들에게 SMS 전송이 가능하다.

3. 드롭박스

여행지에 대한 각종 데이터들(지도 사진과 PDF 정보 등)을 드롭박스에 올려둔 후에 드롭박스 어플 내에서 Favorite으로 등록하면 인터넷이 연결되지 않은 상태에서도 데이터를 열람할 수 있다.

4. 마이피플

유료 어플인 WhatsApp의 사용자 수를 위협할 만큼 빠른 속도로 성장 중인 아이폰 전용 메신저이다. 그룹으로 여러 명에게 메시지를 보내는 것도 가능하다. 아이폰이 없는 사용자들도 웹(http://m.mp.daum.net)에서 사용이 가능하므로 인터넷 사용이 가능한 어떤 PC, 스마트폰에서도 사용자 간에 무료로 메시지를 주고 받을 수 있다.

5. 모바일 웹

그 외에도 iRelax, Mediation과 같은 마음을 가라앉혀 주어 숙면을 이르게 하는 어플과 Nightstand, Fliptime과 같은 탁상용 시계 역할을 하는 어플들이 있다. 하지만 이 어플들은 사용료를 지불해야 한다. 이미 아이팟에 충분한 음악과 동영상 그리고 시계, 날씨 등이 있기 때문에 아이폰 하나면 충분하다. 물론 구글 지도도 유용하게 사용할 수 있는 어플이다.

활 속에 깊숙이 자리잡았고 어디에서든 찾을 수 있다. 식당, 백화점, 벽보, 전단지 심지어 TV에서도 QR 코드는 자연스럽게 등장한다. QR 코드 대부분은 일본의 모바일 WAP 페이지와 연결되어 있다. 즉, QR 코드를 휴대폰으로 비추면 이미 만들어둔 사업자·공급자들의 모바일 전용 페이지와 연결된다.

어디에서든 모바일로 볼 수 있는 것들이 많다는 기대감과 익숙함이 새로운 모바일 서비스에 대한 사용자들의 적극적인 참여를 독려하는 분위기를 만들었다. 젊은이들이 모이는 오사카의 주점과 거리, 지하철 등에서는 QR 코드에 휴대폰을 들이대거나, 휴대폰을 통해 열심히 무엇인가를 입력하는(SMS나 이메일이 아닌) 모습들을 종종 관찰할 수 있었다. 그들이 열심히 참여한 모바일에서의 콘텐츠가 결국 더 많은 모바일 사용자들의 참여를 장려하는 선순환의 효과를 가져오고 있었다.

결국 어플이나 서비스가 많은 것보다 킬러앱 하나에 많은 콘텐츠와 데이터가 쌓여야 모바일 시장이 더욱 활성화된다. 기대하는 곳에 볼거리가 없다면 다시는 그 서비스를 찾지 않게 될 것이고 그것은 곧 모바일 시장의 독이 된다.

음악, 비디오 유통 플랫폼으로써의 모바일

휴대폰은 과거 통화를 위한 기기였지만 지금은 다양한 용도로 사용되고 있다. 대표적인 용도는 카메라, MP3P, 시계이다. 휴대폰에 다양한 센서가 내장되어 있어 컨버전스 기기의 핵심이 되고 있다. 휴대폰 카메라와 디지털 카메라의 성능을 비교하면 큰 차이가 있지만

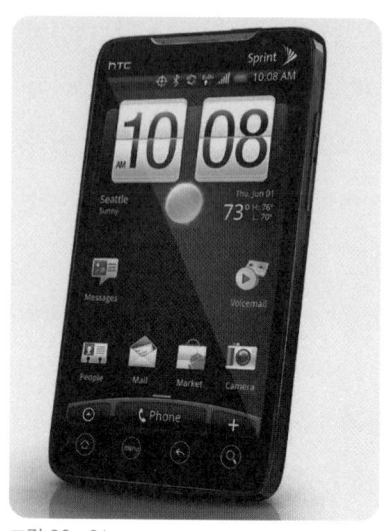

그림 09-01
PMP 못지 않은 넓은 화면의 스마트폰

실제 디지털 카메라 판매량에 큰 영향을 주진 않았다. 하지만 스마트폰에 탑재된 카메라의 성능이 좋아지고 다양한 사진 편집 어플들이 제공되면서 디지털 카메라의 사용이 줄어든 것은 사실이다. 물론 MP3P 역시 스마트폰이 이미 훌륭하게 대체하고 있다. PMP도 3~4인치의 스마트폰 화면에서 보는 동영상 덕분에 설 자리를 잃게 되었다. 심지어 내비게이션마저도 스마트폰으로 인해 시장 전망이 어둡다. 구글이 안드로이드폰에 내비게이션 어플을 제공하면서 세계적인 내비게이션 업체인 톰톰, 가민 등의 주가가 하락했다.

 그런데 스마트폰 콘텐츠 사용에 있어서 주목할 점이 있다. 바로 유통 관점에서의 해석이다. 스마트폰의 콘텐츠 소비는 일반 휴대폰에서처럼 PC와 연결해 MP3, 비디오 파일을 전송해서 사용하는 것이 아니라 직접 인터넷에 연결해서 스트리밍으로 듣거나 파일을 다운로드 받는 방식으로 소비된다. 그렇기 때문에 유통 플랫폼이 중요하다. 아이폰에서 음악과 비디오를 소비하는 방식은 주로 애플의 아이튠즈를 통해서 이용한다. SKT는 멜론, KT는 도시락이라는 음악 서비스를 통해서 휴대폰 이용자들에게 음악을 유통한다. 하지만 아이튠즈가 멜론과 도시락과 다른 점은 글로벌한 유통 서비스라는 것과 음악 외에 비디오와 각종 팟캐스트가 제공된다는 점이다.

스마트폰의 콘텐츠 유통은 이처럼 스마트폰에 자체 탑재된 유통 서비스를 통해 중계된다. 이것은 과거 이동통신사가 지배하던 콘텐츠 유통 서비스를 와해시키게 된다. 또한 웹에서 포털이 콘텐츠 유통이나 분야별 전문 콘텐츠 유통 서비스들을 지배하던 것과 달리 모바일 OS를 개발한 플랫폼 기업이 콘텐츠 유통까지도 장악하도록 만든다. 소리바다, 벅스뮤직 등의 음악 전문 서비스 업체들이 웹에 음악을 제공해 왔지만 아이폰에서는 아이튠즈를 통해 이러한 음악 유통이 통합되어 버린 것이다.

 INSIGHT _ 아이튠즈의 욕심

아이폰에는 소리바다, 벅스뮤직과 같은 음악 어플이 서비스 되었다. 소리바다는 웹에서 소리바다 MP3를 구매한 고객들이 아이폰에서도 그 음악을 사용할 수 있도록 아이폰용 어플을 만들어 제공해 왔다. 하지만 애플은 2010년 5월 소리바다, 벅스뮤직을 앱스토어에서 삭제 조치했다. 삭제의 원인에 대해서는 정확하게 밝히지 않았지만 소리바다 등은 어플을 다시 서비스할 수 없는 처지이다. 이후 2010년 6월 초 애플은 한국에서 아이튠즈 서비스를 오픈했다. 아마도 애플이 아이튠즈를 한국에서 서비스하며 한국의 콘텐츠(음악, 비디오)를 유통하기 위한 준비를 하면서 경쟁이 될 수 있는 이들을 삭제 조치한 것으로 의심받고 있다. 애플이 아이북을 출시하면서 예스24와 같은 책 어플도 비슷한 처지가 되었다.

어플과 상품 유통 플랫폼으로써의 모바일

앱스토어는 아이폰이 만든 기적으로 평가받고 있다. 1990년대 PC가 보급된 이후 크게 성장한 산업은 WWW이다. PC 덕분에 웹이 보편화되면서 수십억 개의 웹 페이지가 생성될 수 있었다. 이처럼 스마트폰이 보급된 이후 주목을 받으며 성장하는 산업은 앱 산업이다. 스마트폰에서 자유롭게 어플을 유통할 수 있는 앱스토어가 등장하면서 30만 개가 넘는 어플들이 탄생했다. 소비자는 백화점에서처럼 앱스토어에서 쇼핑을 하며 필요로 하는 어플을 선택, 구매할 수 있게 되었다. 아이튠즈가 콘텐츠 유통 플랫폼이듯 앱스토어는 소프트웨어를 사고 팔 수 있는 어플 장터인 셈이다.

콘텐츠와 어플을 쉽게 거래할 수 있는 유통망의 장악은 웹의 포털과 같은 막강한 영향력을 행사할 수 있다. 오프라인에서도 물건을 만드는 제조업체보다 물건을 거래하는 유통업체의 영향력이 더 크다. 사실 방송사와 신문사의 핵심 경쟁력도 콘텐츠를 만드는 것보다는 콘텐츠를 유통할 수 있는 힘에서 비롯된다. 모바일에서의 영향력 역시 콘텐츠와 어플을 거래할 수 있는 유통망을 어떻게 장악하고 있느냐에 따라 좌우된다.

그런 면에서 모바일에서의 모바일 유통의 장악을 누가 할 것인지가 중요하다. 웹에서는 이베이, 아마존과 같은 기업이 유통을 장악했다. 한국에서는 옥션, G마켓, 인터파크, 예스24 등이 지배하고 있다. 모바일 커머스에 대해서는 애플이나 구글이 구체적인 움직임을 취하고 있지 않아 기존의 웹에서 시장을 지배하던 기업들이 어플과 모바일 웹으로 모바일 커머스도 장악할 것인지 지켜봐야 한다. 혹은 레드레이저나 쿠루쿠루, 다음 코드와 같은 바코드 어플들이 모바일 커머스의 수혜주가 될 것인지도 지켜보자.

서비스 플랫폼으로써의 모바일

웹은 그간 서비스 플랫폼으로써 에코 시스템 역할을 톡톡히 해냈다. 메일, 카페, 검색, 미니홈피, 블로그 등의 다양한 서비스들이 웹을 플랫폼 삼아 탄생했다. 모바일도 웹과 같이 서비스 플랫폼으로써의 역할을 톡톡히 해내고 있다.

개방된 API를 활용한 앱 플랫폼

플랫폼에서 성공하려면 끊임없는 새로운 시도가 있어야 한다. 즉, 롱테일의 법칙에서 보여지듯 수많은 서비스들이 매일 탄생할 수 있는 도전의 분위기가 형성되어야 한다. 그런 면에서 모바일은 웹을 닮아가고 있다. 이미 아이폰의 어플리케이션은 2010년 6월을 기준으로 22만 개가 넘었으며, 안드로이드 마켓의 어플은 5만 개를 넘어섰다. 매일 더 많은 어플들이 마켓에 올라오고 있다. 이렇게 어플들이 끊임없이 쏟아질 수 있는 배경은 애플의 재료가 되는 API들이 개방되고 훌륭하기 때문이다.

QR 코드 035
http://goo.gl/g6aH
아이폰 OS 4.0의 특징

모바일에 어플들이 많아지는 배경은 스마트폰 내부에서 사용 가능한 API들이 많기 때문이다. 이렇게 API를 공개적으로 개방하는 데 앞장서는 곳이 애플이다. 애플은 매년 아이폰 OS를 업그레이드하면서 많은 API를 오픈하고 있다. 개발자 입장에서는 애플이 오픈하는 API가 안드로이드에 비해 적다고 비판하지만 애플은 폰의 안정성과 UI를 해치지 않는 범위에서 API를 점차 늘려가고 있다. 2010년 6월 애플은 WWDC(애플이 주최하는 세계 개발자 컨퍼런스)에서 아이폰4를 발표하며 1500여 개가 넘는 API를 추가로 오픈했다. 물론 안드로이드는 이보다 많은 API가 오픈되어 있다.

이렇게 많은 API 덕분에 재미있고 창의적이며 강력한 어플들이 탄생할 수 있는 것이다. 이러한 시대의 분위기에 이동통신사도 변화하고 있다. SKT, KT, LGT 모두 자사의 API를 많이 개방해서 자사의 API를 활용한 어플들이 많아지기를 바라고 있다. 특히 KT는 이동통신사가 보유한 API 개방에 적극 나서고 있다. 이러한 움직임 때문에 스마트폰에서 좀 더 매력적인 어플들이 새롭게 탄생할 수 있는 것이다.

 INSIGHT _ 공공 기관의 API 개방

웹2.0 성공의 핵심은 API 개방에 있다. 자사가 가진 인터넷 서비스의 API를 개방하면서 서비스를 플랫폼 삼아 다양한 기생 서비스들이 탄생할 수 있었고, 이런 기생 서비스가 오히려 본 서비스를 에코 시스템의 중심에 있게 만들었다. 대표적인 것이 블로그이고, 이후 유투브와 구글 지도 그리고 트위터 등으로 이어진다. 물론 페이스북과 마이스페이스닷컴의 소셜 OS도 이러한 개념과 일맥상통한다.

모바일에 이런 분위기가 이어지면서 스마트폰 제조사와 이동통신사는 물론 공공 기관까지 나서며 API를 개방하고 있다. 국내의 공공 기관도 모바일의 부흥과 발맞춰서 API를 개방하고 앱스토어 경진 대회를 여는 캠페인에 앞장서고 있다. 공공 기관이 보유한 각종 데이터들의 API를 개방함으로써 요리의 재료는 더욱 풍성해지기 마련이다. 아이폰의 대표적인 국내 인기 어플 중 하나인 서울버스는 서울, 경기도의 버스 도착 정보를 실시간으로 조회할 수 있다. 이 어플에서는 서울시와 경기도 버스 교통과의 버스 도착 정보 데이터를 활용한다. 이러한 데이터가 API로 완전하게 개방되어 있다면 서울버스와 같은 어플이 더 늘어날 것이고, 보다 편리한 방법으로 사용할 수 있게 될 것이다.

3차원의 컨텍스트 기반의 서비스

인생이 반복되듯 역사도 반복된다. 블로거 윤석찬 님의 '5년 후의 웹 (http://blog.creation.net/452)'에서도 반복되는 IT 트렌드를 말하고 있다. 이렇게 트렌드는 반복되면서 진일보하기 마련이다. 내가 바로 보고 있고, 종사하고 있으며, 열심히 사용하고 있는 서비스 역시 진화하면서 반복되고 있다. 서버 중심의 중앙집중형 서비스가 주목을 받다가, 고객 중심의 분산형 서비스가 주목을 받다가 다시 중앙집중형 서비스가 장악하기도 한다. 이렇게 반복되며 기술의 발전과 사용자들의 높아진 눈높이에 따라 서비스의 고도화가 이루어진다.

최근 새로운 모바일 플랫폼의 등장과 웹2.0 이후 사용자들의 의식 수준이 높아지면서 기존 서비스에 대한 새로운 변화와 혁신에 대한 목소리가 높아지고 있다. 이러한 서비스들의 특성을 살펴보면 기존 웹 서비스와 다른 점을 발견할 수 있다. 바로 1차원의 서비스에서 2차원, 3차원으로 다변화되었다는 점이다. 웹에서의 서비스는 시간이라는 X축을 기반으로 데이터가 축적되고 정렬되며 검색되는 특징이 있다. 반면 모바일 플랫폼에서는 시간의 X축 외에 공간이라는 Y축과 관계라는 Z축이 추가된다. 3차원의 축 속에서 데이터가 가공되고 보여진다. 모바일 서비스의 대표 주자인 트위터는 시간의 흐름(Time line)과 관계에 의해 데이터가 축적된다. 즉, 필자의 'oojoo' 트위터 홈과 독자의 계정 트위터 홈 화면은 다르다. 다른 이유는 서로가 팔로잉하는 관계가 다르기 때문에 서로 다른 정보를 보게 되는 것이다. 물론 오전에 보는 oojoo의 트위터 홈과 저녁에 보는 홈도 다르다. 타임 라인에 따라 서로 다른 데이터가 보여지기 때문이다. 즉,

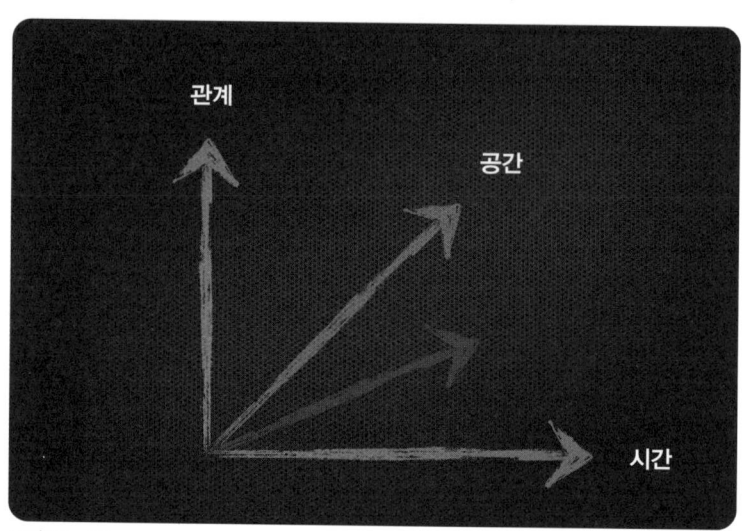

그림 09-02
시간, 공간, 관계의 3차원으로 구성된 SNS

시간과 관계에 따라 서로 다른 정보가 보여지는 것이다.

또한 트위터는 2010년 6월에 위치 기반의 서비스를 제공하기 시작했다. 이는 위치 정보가 트윗과 연동되는 서비스를 말한다. 이미 고왈라, 포스퀘어 등의 서비스가 대표적인 위치 연계형 모바일 서비스로 주목을 받아 왔다. 사용자가 위치한 현재 위치 정보를 활용하면, 현재 위치와 관련된 정보를 볼 수 있다. 즉, 시간과 관계에 따라 다른 데이터가 보여지도록 한 것처럼 사용자가 어디 있느냐에 따라서 다른 정보가 보여지는 것이다. 이는 스마트폰이 시간, 관계, 위치라는 세 가지의 정보를 취합, 축적이 가능하기 때문에 모바일에서 이를 기준으로 서비스를 제공할 수 있는 것이다.

사실 기존의 웹 서비스는 시간이라는 X축을 기반으로 한 1차원적 서비스의 형태에 머물었다. 그것은 모바일처럼 사용자에 대한 위치정보나 지인 정보를 파악할 수 없기 때문이다. 사용자의 컨텍스트(사용자의 현재 상황, 상태)를 알 수 없어 평면적 서비스의 한계에서 벗어나지 못했다. 하지만 다음(Daum)에 오전 8시에 방문하느냐, 저녁 9시에 하느냐에 따라 시간이라는 축에 의해 달라진다. 오전과 저녁에 보여지는 다음의 실시간 이슈 검색어와 주요 뉴스가 다르기 때문이다. 웹에서는 같은 시간 제주에서 보는 다음이나 서울에서 보는 다음은 같다. 사용자가 어디에 있는지 알 수 없기 때문에 동시간대에는 똑같은 화면을 보게 되는 것이다. 하지만 모바일은 사용자의 위치 정보를 활용해 그 위치와 연계된 서비스를 제공할 수 있어 입체적인 서비스 구성이 가능하다.

통합 서비스 시대의 개막

모바일에서는 서비스 간의 영역 구분이 사라지고 통합형 올인원 서비스가 주류를 이루고 있다. 과거 웹에서는 콘텐츠(뉴스, tv팟), 커뮤니티(카페, 미니홈피), 커뮤니케이션(채팅, 메일, 메신저), 커머스(경매, 쇼핑몰, 오픈마켓)로 명확하게 서비스 영역이 구분되었다. 메일을 사용하다가 카페의 글을 보려면 카페로, 뉴스를 보려면 다시 뉴스 메뉴로 이동해야만 한다. 서비스들이 서로 다른 메뉴에 속해 있어서 철저하게 구분, 분리되어 있었다. 그나마 검색 서비스의 등장으로 분절되어 있던 서비스가 한 곳에 모일 수 있는 모습을 보여 주었다. 검색에서 검색어를 입력하면 어떤 서비스에 있든지 통합 검색 결과물에서 카페, 뉴스, 이미지, 동영상, 블로그 등의 여러 서비스에 나뉘어 있던 콘텐츠를 모아서 볼 수 있다.

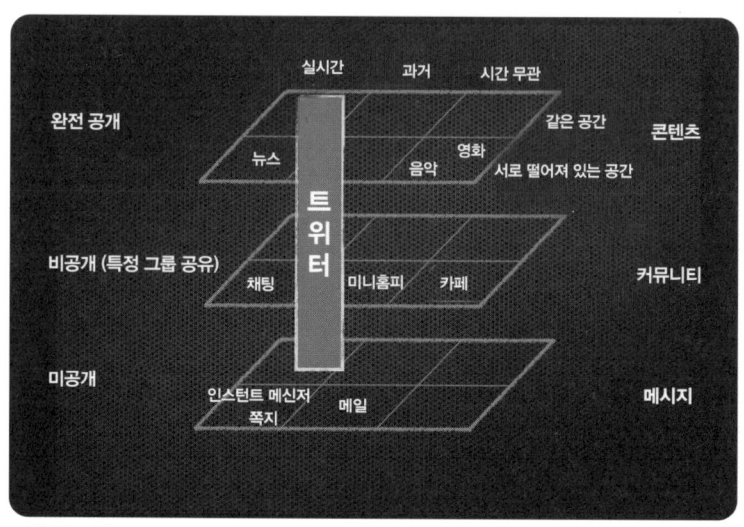
그림 09-03
여러 서비스의 속성을 가진 입체적인 SNS

최근의 인터넷 서비스는 서비스 자체가 완전히 통합된 구성을 띠고 있다. 서비스를 특정한 역할을 하는 것으로 구분짓기가 모호하다. 예를 들어, SNS인 트위터는 콘텐츠, 커뮤니케이션, 커뮤니티의 속성을 모두 띠고 있다. 심지어 커머스와 검색 그리고 위치 기반의 지역 관련 서비스의 속성도 가지고 있다. 서비스 하나에 여러 종류의 서비스 속성이 한데 어우러져 있는 것이다.

요즘의 서비스들은 이처럼 3차원의 통합형이 커다란 흐름이 되어가고 있다. 특히 모바일의 부상은 서비스 간의 경계를 허물어 통합이 활발하게 이루어지도록 만들어 줄 것이다. 이미 우리는 스마트폰의 다음 지도 어플을 통해서 현재의 위치와 주변의 지역 정보 검색, 교통 그리고 맛집 리뷰와 길 찾기 정보 등의 서비스를 한데 어울러서 사용하고 있다.

광고 플랫폼으로써의 모바일

서비스 플랫폼으로써 성공 하더라도 비즈니스가 구현되지 않으면 더 이상의 성장이 어렵다. 기업이 수익을 목적으로 존재하듯 플랫폼 역시 성과가 있어야 그 규모가 계속 커질 수 있다. 모바일이 갖는 잠재적인 가치는 웹과 마찬가지로 광고 플랫폼에서 창출된다.

광고 플랫폼에 대한 투자와 관심

포털의 주력 비즈니스 모델은 광고이다. 한국의 연간 7~8조나 되는 광고 시장에서 온라인 광고가 차지하는 비중은 20퍼센트를 훌쩍 넘는다. 인터넷 비즈니스 모델은 광고, 게임, 전자상거래, 콘텐츠 유통 등 다양하지만 광고 비즈니스가 가장 안정적이고 투자대비 효과가 높다. 모바일 역시 광고 비즈니스가 가장 큰 기대주이다. 웹 광고 시장은 포털이 거의 독식하고 있다고 해도 과언이 아니다. 포털에 하루 방문하는 사용자 수가 1000만 명이 넘고 대부분의 트래픽이 포털에서 발생하니 그곳에 광고를 게재하는 것이 가장 효과적일 수밖에 없다.

그렇다면 모바일에서의 광고는 누가 지배하게 될까? 포털과 마찬가지로 가장 많은 트래픽을 가져다주는 서비스를 지배하는 서비스 사업자가 모바일 광고도 지배할 가능성이 크다. 하지만 모바일에서의 주목도 높은 서비스는 웹과 달리 아직 명확하게 검증되지 않았다. 웹의 연장선에서 모바일 웹의 방식으로 선보이는 서비스가 성장할지, 작은 스마트폰에 최적

QR 코드 036
http://goo.gl/KjM6
AdMob의 모바일
광고 동영상

그림 09-04
모바일 게임 앱에 들어간 광고

화된 훌륭한 사용성의 어플 방식의 서비스가 주목받을지가 명확하지 않다. 더 중요한 것은 이러한 광고 시장이 성장하기 위해 필요로 하는 광고를 게재, 운영하는 시스템이다. 온라인 광고 시장이 성장할 수 있었던 배경은 사용자들이 좋아하는 서비스에 광고를 운영할 수 있는 시스템이 성장했기 때문이다. 즉, 검색 광고를 운영하는 오버추어와 같은 대행사가 있었기 때문에 검색 광고 시장이 빠르게 성장할 수 있었다.

 모바일 광고 시장이 성장하기 위해서는 광고 운영 시스템을 필요로 한다. 이 시스템에 대해 모바일 플랫폼 사업자들이 적극 투자를 하고 있다. 대표적인 곳이 구글인데 구글은 AdMob라는 모바일 전문 광고 시스템 업체를 인수했다. 이 업체는 애플도 인수하기 위해 구글과 경쟁한 적이 있다. 애플은 쿼트로라는 모바일 광고 업체를 인수해 구글과 대립하며 모바일 광고 시스템에 대한 준비를 하고 있다.

아이폰과 안드로이드 플랫폼을 만드는 애플과 구글에서 직접 광고 시스템을 운영할 생각인 것이다. 이것은 마치 윈도우와 인터넷 익스플로러를 만든 MS가 웹에서 광고 시스템을 운영하는 것에 비유할 수 있다. 실제 웹에서는 MS가 아닌 구글(애드센스 등)과 오버추어, 네이버와 다음 등이 광고 시스템을 구축해 운영하고 있다. 하지만 모바일에서는 플랫폼을 소유한 기업들이 직접 광고 시스템마저 운영하는 것이다. 애플의 iAd와 구글의 AdMob를 이용해 광고를 게재하는 모바일 웹 사이트와 어플이 늘어날 것이다. 물론 웹 포털 역시 자사의 서비스들에 광고를 게재하기 위해 자체 광고 솔루션 투자와 개발도 할 것이다. 향후 광고 시스템이 어떤 경쟁구도를 가지고 갈지 주목된다. 참고로 KT는 AdMob와의 제휴를 기반으로 모바일 광고 시장에 대한 시도를 하고 있으며, 삼성전자는 바다 플랫폼에 자체 광고 시스템을 운영할 고민을 하고 있다.

모바일 광고 시스템의 특징

구글과 애플이 운영하는 광고 시스템은 일종의 광고 플랫폼이다. 앱 개발자들이나 모바일 웹 운영자들은 자체 운영하는 서비스에 인벤토리를 애플의 광고 플랫폼에 제공한다. 광고 플랫폼에서 제공한 가이드에 맞춰서 모바일 웹이나 모바일 앱에 광고를 게재할 수 있는 공간을 마련하는 것이다. 이것은 광고 상품이 되어 광고주들이 애플의 iAd와 구글의 AdMob에서 쇼핑을 하듯 원하는 광고 상품을 선택, 구매하게 된다. 광고주와 서비스 개발자를 광고 플랫폼에 엮은 것이다. 마치 시장에 판매자와 구매자가 있는 것처럼 광고를 쉽게 사고

QR 코드 037
http://goo.gl/lVhk
애플 iAd에 대한 단상

팔 수 있도록 한 것이다.

애플의 iAd는 세 가지의 특성을 갖추고 있다.

- 향상된 타깃팅
- 프리미엄 크리에이티브
- 탄탄한 측정

여기서 주목할 점은 타깃팅이다. 애플이 정확한 타깃팅을 할 수 있는 이유는 아이튠즈와 앱스토어의 이용 이력을 바탕으로 했기 때문이다. iAd가 타깃팅으로 할 수 있는 영역은 다음과 같다.

- 나이와 성별(Demographics)
- 애플리케이션 선호(Application preferences)
- 음악 선호(Music passions)
- 영화 장르 관심(Movie genre interests)
- 방송 장르 관심(Television genre interests)
- 위치(Location)

애플은 아이폰 OS를 직접 만든 기업인데다가 아이폰에는 아이튠즈와 앱스토어 그리고 모바일미 등의 서비스가 제공된다. 이러한 서비스 외에도 애플은 사용자들이 어떤 앱을 다운로드 받아 얼마나 사용하는지를 알 수 있다. 이러한 데이터들을 기반으로 웹이 하지 못한 정밀한 타깃팅 구분을 할 수 있다. 아이폰 OS 레벨에서 광고를 제공하다 보니 사용자들이 좋아할 만한 광고를 보다 최적화해서 제공할 수 있다.

애플이 밝힌 2010년 6월 자료에 따르면 앱스토어에서 약 50억 번이 넘게 앱이 다운로드 되었고, 하루 평균 30분 동안 앱을 사용한다고 한다. 게다가 iAd는 아이폰이 가진 멀티미디어, 인터랙티브한 플랫폼의 특성을 살려 리치 미디어 광고를 지원한다. 오히려 PC 웹보다 더 비주얼한 광고 운영이 가능하다. 동영상 재생은 물론 HTML5와 자바스크립트, CSS 등을 활용해 사용자의 터치에 반응하며 인터랙티브한 광고 구현이 가능하다. 물론 아이폰이 가지고 있는 각종 센서들을 활용해 체험형, 참여형 광고의 구현도 지원한다. 지역 정보와 현재 위치를 기반으로 지도와 연계한 광고의 구현도 제공된다.

광고주들의 최대 관심사인 광고 측정 결과에 대한 리포트도 훌륭하다. 애플이 제공하는 광고 리포트의 범위는 다음과 같다.

- 임프레션
- 클릭 수 및 CTR(Click-through rate)
- 방문 수(Visits)
- PV 및 Visit
- 인터랙티브한 사용자 반응 (비디오, 보여진 이미지 등)
- 광고당 평균 체류 시간
- 소셜 네트워크로의 전달 수
- 전환(Conversions), 다운로드 수

웹에서 제공되는 광고 측정 결과 대부분이 지원된다. 특히 아이폰을 직접 제어 가능하다 보니 광고를 통해 광고주의 어플이 어느 정도 다운로드 되어 설치되었는지에 대한 측정도 가능하다. iAd에 대한 광고 시스템 정보(http://advertising.apple.com) 확인이 가능하며, 안드로이드의 AdMob도 이와 유사한 시스템을 갖추고 있다.

광고 플랫폼의 목적

모바일 시장이 활성화되기 위해서는 모바일의 특성에 어울리는 서비스와 콘텐츠가 많아져야 한다. 그런 서비스가 많아지기 위해서는 수익모델에 대한 검증이 이루어져야 한다. 돈을 많이 벌 수 있어야 모바일 서비스 사업자들이 적극적으로 참여할 것이다. 그런 면에서 안드로이드가 비록 아이폰에(22만) 비해 어플의 수는 적지만(5만) 무료 어플의 비중이 50퍼센트를 넘는다. 아이폰의 경우는 25퍼센트에 불과하다. 무료 어플이 많아야 그만큼 사용자들이 많아질 것이기 때문에 앞으로 안드로이드의 서비스 활성화가 기대된다.

무료 어플은 사용자에게는 좋겠지만 서비스 개발들이 어떻게 돈을 벌 것인가가 문제이다. 그런 이유 때문에 애플과 구글이 광고 플랫폼에 대한 투자를 적극적으로 하는 것이다. PC통신에서 웹 플랫폼으로 시장이 바뀔 수 있었던 배경은 무료로 공개된 서비스가 태반이었기 때문이다. PC통신은 유료, WWW는 무료였기 때문에 웹이 빠르게 보급되었고 시장이 활성화될 수 있었다. 모바일 역시 시장이 빠르게 활성화되기 위해서는 무료 서비스가 많아야 하고, 무료 서비스가 늘 수 있도록 독려하기 위해서는 수익모델의 장치가 마련되어야 한다. 그 장치가 바로 광고 플랫폼이다.

광고 플랫폼이 탄탄하게 구성되고 운영되어야만 더 많은 서비스 개발자들이 적극적으로 참여해서 모바일에 서비스를 많이 만들 것이다. 애플과 구글이 광고 플랫폼에 적극적으로 나서는 이유도 결국 자사 플랫폼에서 보다 많은 서비스들이 탄생하기를 바라기 때문이다. 즉, 광고 플랫폼 그 자체로 돈을 벌기보다는 광고 플랫폼을 통해서 많은 서비스가 자사 플랫폼에서 개발되기를 바라는 것이다. 모바일 플랫폼을 운영하는 사업자들(심비안을 인수한 노키아, 바다를 개발한 삼성전자, Palm을 인수한 HP 등)은 자사 플랫폼에 참여한 개발사에게 어떤 이득을 줄 것인지를 고민해야 한다.

10
모바일 킬러앱의 조건과 특징

모바일 플랫폼에서 킬러앱이 갖는 가치와 특징은 무엇일까? 시간이 흐르며 다양한 트렌드가 만들어지듯이 모바일의 트렌드도 변화한다. 모바일 킬러앱이 갖는 조건과 특징을 이해한다면 모바일의 핵심 서비스를 이해할 수 있을 것이다.

웹 킬러앱의 변천사와 가치

웹의 킬러앱은 그간 여러 차례의 변화가 있었다. 한국의 경우는 1990년대 메일과 카페를 시작으로 검색, 미니홈피가 한 시대를 풍미했으며, 그 후에는 블로그가 서비스가 주도했다. 시대를 풍미하던 킬러앱이 무엇이냐에 따라 산업의 구조와 비즈니스 모델이 달라지는 것이다.

웹1.0 시대의 킬러앱

1995년부터 2005년까지의 웹1.0 시대에 어떤 서비스들이 주목받 았는지 생각해 보자. 초기 웹이 태동하기 시작하면서 주목받은 서비 스는 옐로우 페이지와 검색 서비스였다. 우후죽순으로 생겨나는 수 많은 홈페이지를 카테고리별로 잘 정돈해서 보여주는 디렉토리 서 비스와 검색 서비스가 초기 킬러앱이었다. 이때 이 시장을 지배했던 사이트는 야후와 라이코스 그리고 알타비스타 등이었고, 국내에서 는 심마니, 미스다찾니 그리고 네이버, 집(ZIP!) 등이 있었다. 물론 이 러한 서비스 외에 아마존이나 이베이처럼 사용자들이 웹을 통해 물 건을 거래할 수 있는 서비스들도 주목을 받기 시작했다.

이후에는 메일과 카페(커뮤니티)가 주목을 받기 시작했다. 국외에 서는 핫메일과 야후메일, 국내에서는 다음의 한메일이 제공되었다. 웹 메일 시장이 뜨거운 관심을 가지면서 코리아닷컴, 엠파스, 깨비 메일 등의 다양한 웹 메일 서비스들이 탄생한다. 카페 역시 커뮤니 티 서비스로 주목받으면서 프리챌, 아이러브스쿨, 다모임 등의 다양 한 전문 커뮤니티가 등장했다. 이러한 시장의 분위기는 2000년대 초까지 이어지면서 야후코리아, 라이코스코리아가 지배하던 한국 의 웹 서비스가 토종 기업인 다음과 여러 전문 커뮤니티 서비스로 넘 어가게 되었다.

2003년부터 네이버의 지식인이 본격적인 웹의 트렌드로 자리매 김하게 된다. 이때 함께 주목받기 시작한 것이 싸이월드의 미니홈피 이다. SK컴즈가 싸이월드를 인수하면서 마케팅이 더욱 강화되었고 온 국민의 서비스로 거듭날 수 있었다. SK컴즈의 네이트온 역시 인스턴트 메신저 시장에서 MSN에 이어 2위 사업자로 점차 성장하기 시작한다. 이때가 커뮤니케이션 서비스가 메일에서 메신저로, 커뮤니티 서비스가 카페에서 미니홈피로 변화하는 시기이다.

콘텐츠 서비스는 초기 디렉토리 기반의 서비스로 수많은 홈페이지를 분류해서 보여주는 방식이 주류를 이루다가 지식인의 등장과 함께 검색 기반으로 변화하기 시작한다. 그 서비스가 지금까지 이르고 있는 것이다. 물론 커머스 시장 역시 1990년대 하반기 경매 기반으로 시작해 2000년대 상반기 쇼핑몰 중심으로 트렌드가 형성되었다.

 INSIGHT _ 트 렌 드 와 문 화

전체 인구 대비 약 1퍼센트의 얼리어답터에게 주목받는 서비스를 마이크로 트렌드라고 부른다. 국내의 경우 마이크로 트렌드라고 부를 수 있는 서비스가 많지 않다. 국내 홈페이지 상위 100위 안에 드는 곳이라도 하루 사용자 수가 50만 명에도 이르지 못하는 것을 보면 마이크로 트렌드를 불러일으킨 것만 해도 대단하다고 할 수 있다. 하지만 많은 서비스들이 초기 반짝 트렌드만 얻고 티핑포인트를 넘지 못해 주저앉는 경우가 많다. 이 캐즘(Chasm)을 넘어야만 비로소 마이크로 트렌드로 성장할 수 있는 것이다.

마이크로 트렌드는 국민의 약 10퍼센트 정도의 사용자 규모를 가져야 킬러앱이라 부를 수 있다. 10퍼센트만 확보하면 금새 20, 30퍼센트 이상으로 갈 수 있지만 이 같은 트렌드가 5년 넘게 지속되려면 문화가 되어야 한다. 사실 아이러브스쿨, 프리챌 그리고 카트라이더(게임) 등은 마이크로 트렌드까지 시장 형성에 성공한 서비스들이다. 미니홈피 역시도 온 국민의 서비스라 부르기에 충분하다. 하지만 이 서비스들은 문화로 자리잡지 못했다. 메일, 카페, 검색 등은 웹의 문화로 자리매김을 했기 때문에 지금까지 서비스로 지속되고 있는 것이다.

웹2.0과 킬러앱의 변천

2005년 이후 웹은 크게 변화하기 시작한다. 그것을 가리켜 사람들은 웹2.0이라고 불렀다. 웹2.0의 물결은 미국에서 시작되었다. 웹2.0의 대표적인 킬러앱은 유투브와 같은 UCC 동영상 서비스와 지도 그리고 블로그이다. 이들 서비스에는 공통점이 있는데 기존의 웹 서비스와 달리 API를 공개하면서 외부의 서비스와 연계를 강화했다는 점이다. 유투브에 방문하지 않아도 다른 사이트에서 유투브에 등록된 동영상을 볼 수 있고, 유투브에 연결하지 않고도 유투브에 동영상을 업로드할 수 있다. 구글의 지도는 구글 사이트에서만 사용하는 것이 아니라 외부의 다른 사이트에서 구글 지도를 불러들여서 서비스를 제공할 수 있는 것을 예로 들 수 있다.

웹2.0은 기존 웹에 비해 기술적으로 진일보했으며, 서비스에 대한 철학 역시 크게 바뀐 것이 특징이다. 기존 웹 서비스는 사이트의 가입자와 방문자, 페이지뷰 등의 데이터를 높이는 것을 목표로 했다면 웹2.0의 서비스는 API를 좀 더 많이 개방해서 외부의 서비스와 연계하는 것을 목표로 했다. 그렇다 보니 실제 사이트의 가입자와 방문자는 늘지 않아도 이 서비스를 기반으로 다양한 외부 서비스가 만들어지는 효과를 얻게 되었다.

대표적인 것이 구글의 지도와 트위터, 페이스북과 같은 SNS이다. 트위터의 데이터를 기반으로 만들어진 외부의 개발사 서비스는 수만 개에 달한다. 페이스북 내부에는 페이스북이 직접 만들지 않은 수십만 개의 서비스들이 제공되고 있다. 구글 지도를 이용해 만들어진 서비스 역시 수십만 개에 이른다. 이처럼 웹2.0은 개방과 공개라는 서비스 철학을 기반으로 웹의 제2 부흥기를 열었다. 이때 주목받은 킬러앱은 블로그와 동영상 UCC, 지도, SNS 등이다.

킬러앱이 갖는 가치

킬러앱은 사용자들이 가장 많이 찾는 서비스를 일컫는다. 네이버 때문에 지금처럼 성장할 수 있었다. 다음은 한메일과 카페로 웹 초기 시장에서 킬러앱을 주도해서 10년이 넘게 웹 포털 2위 사업자로 포지셔닝할 수 있었다.

킬러앱을 확보하면 시장의 주도권을 가질 수 있다. 그 이유는 킬러앱이 사용자들의 시간을 차지하기 때문이다. 사용자들의 시간을 좀 더 많이 차지할수록 보다 많은 영향력이 생긴다. PC통신 시절 사용자들이 하이텔에 월 사용료를 지불하면서 서비스를 사용했던 이유는 PC통신의 킬러앱인 채팅, 동호회, 자료실 등을 사용하기 위해서였다. 포털인 다음과 네이버가 매년 수천억 원의 수익을 얻는 이유는 검색, 블로그, 카페, 지도 등의 킬러앱을 통해서 사용자들의 시간을 많이 차지했기 때문이다.

PC통신과 웹의 킬러앱이 차이가 있고, 웹도 시기에 따라서 킬러앱이 달라지는 것처럼 2010년 이후의 웹과 모바일에서 어떤 킬러앱이 주목받을 것인지를 파악해야만 이후 비즈니스 모델의 기회를 가질 수 있다.

모바일 킬러앱의 특징과 사례

모바일 킬러앱은 웹 킬러앱과 무엇이 다를까? 모바일은 PC 기반의 웹과 기계의 특성이 다르다. 하드웨어가 다르다 보니 서비스의 특성과 구성도 다르기 마련이다. 모바일에서의 킬러앱은 어떤 특징이 있고 그 사례는 무엇인지 살펴보자.

모바일 시장 최후의 승자

모바일 시장을 활짝 열어준 아이폰의 혁신은 이동통신사의 고객 영향력을 파괴했다는 점이다. 아이폰을 구매한 이후 아이폰을 사용하면서 사용자는 이동통신사보다 애플의 아이튠즈를 통해 서비스를 사용하게 된다. 반면 KT와의 접점은 처음 아이폰을 구매할 때와 매월 통화료 청구서가 날아올 때 정도이다. 애플은 아이폰을 통해서 고객과의 접점을 마련해 지속적으로 고객과 접촉할 수 있는 기회를 만든 것이다. 이것이 애플의 경쟁력이다.

모바일 플랫폼을 주도하는 기업 모두가 고객 접점을 직접 만들어 지속적으로 고객과 접촉하려 한다. 고객의 관심을 가져야 고객의 가슴과 머리에 포지셔닝을 할 수 있기 때문이다. 고객에 포지셔닝된 브랜드는 향후 다양한 비즈니스 모델을 만들 수 있다. 비록 우리가 삼성전자의 PC를 사용하고, 하나포스의 초고속 인터넷을 사용하더라도 네이버와 다음을 더 인지하고 이들 포털과 지속적인 접촉을 하며 시간을 소비한다.

춘추 전국 시대의 모바일 플랫폼이 안정화되면, 그 이후에는 결국 고객과 많이, 자주, 오래 접촉하며 서비스를 제공하는 기업이 경쟁우위에 놓이게 될 것이다. 고객과의 접점이 있어야 다양한 그리고 지속적인 비즈니스 모델이 나올 수 있기 때문이다.

모바일 킬러앱의 조건과 특성

모바일에서의 킬러앱이 갖는 조건을 찾기 위해서는 사용자들이 왜 3인치의 작은 화면을 바라볼까를 분석해야 한다. 사용자들이 스마트폰을 통해 기대하는 것이 무엇인지를 알아야 한다는 것이다. 사용자들은 왜 작은 스마트폰 화면을 볼까?

첫째, 스마트폰은 휴대폰이다. 휴대폰의 사용 목적은 통화하기 위함이다. 누군가와 커뮤니케이션하기 위해서 휴대폰을 사용한다. 그런데 스마트폰의 커뮤니케이션은 휴대폰과 달리 다양하다. 휴대폰이 통화와 SMS로 커뮤니케이션을 한다면 스마트폰은 다양한 커뮤니케이션을 지원한다. 메일, 메신저 그리고 SNS와 미니홈피, 댓글 등의 다양한 방식으로 소통할 수 있다. 이러한 것을 가리켜 UC(Unified Communication)라고 부른다. 사용자들은 스마트폰을 통해서 상대방과 다양한 방식으로 소통하기를 원하며, 이것이 첫 번째 킬러앱이다. 실제 WhatsApp, 마이피플, 카카오톡 그리고 스카이프, 페이스 타임, 프링, 넘버즈 등의 어플들이 이러한 커뮤니케이션

그림 10-01
메신저 어플 카카오톡

그림 10-02
시간을 보내기 좋은 네이버 웹툰

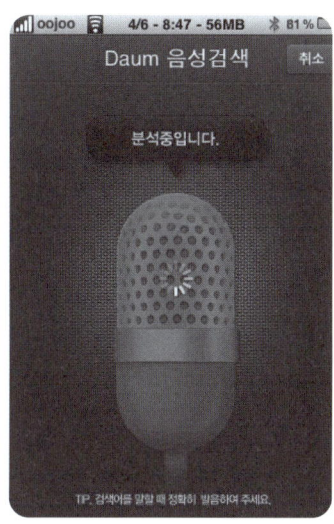
그림 10-03
음성 검색을 제공하는 다음 앱

킬러앱에 속한다.

둘째, 스마트폰은 시간을 보낼 때 습관적으로 보게 된다. 스마트폰을 사용하는 사용자 상당수가 버스, 지하철 등에서 스마트폰을 사용하며 화장실, 엘리베이터 그리고 누군가를 기다리면서 이용한다. 이것은 시간을 보내기 위한 목적이다. 이런 서비스는 유투브나 tv팟과 같은 동영상 혹은 네이버의 웹툰과 같은 만화, 수많은 스마트폰용 게임들이다. 즉, 엔터테인먼트 영역에 속한 콘텐츠와 서비스가 스마트폰의 두 번째 킬러앱이다.

셋째, 스마트폰은 웹처럼 정보 검색을 위해 이용된다. PC와 달리 스마트폰은 이동 중에도 사용할 수 있다. 또 사람들은 호기심을 가지고 살아가는데 그 호기심이 빠르게 해결되기를 바란다. 친구들과 수다 중에 궁금한 점이 생기거나 물건을 구매하다가 제품에 대한

INSIGHT _ 스마트폰에 들어간 소셜 허브

삼성전자의 바다, MS의 윈도우폰7 그리고 노키아의 스마트폰에는 소셜 허브라는 기능이 제공된다. 소셜 허브는 휴대폰에 저장된 주소록을 기준으로 지인들의 트위터, 페이스북, 블로그에 수록된 최신의 콘텐츠를 보여주는 서비스이다. 매번 개별적으로 지인의 블로그, 트위터 등을 방문하지 않아도 휴대폰 주소록에서 새롭게 갱신된 지인들의 최근 소식을 볼 수 있다. 스마트폰이 보여주는 전형적인 킬러앱의 한 형태이다.

심심하거나 누군가와 통화를 하고 싶을 때 우리는 휴대폰을 꺼내 주소록에 기록된 목록을 본다. 이때 해당 친구가 기록한 블로그, 트위터의 새로운 글을 본다면 전화를 걸기 전에 수다를 떨 소재도 쉽게 찾을 수 있고 친구의 근황을 쉽게 체크할 수 있기 때문에 전화 통화가 훨씬 즐거울 것이다. 굳이 통화를 하지 않아도 친구가 웹에 올린 콘텐츠 덕분에 친구가 현재 어떻게 지내는지 쉽게 알 수 있다. 이것이 스마트폰이 줄 수 있는 커뮤니케이션 서비스의 미래상이다.

정보를 찾기도 한다. 이러한 질문을 해결하기 위해 스마트폰을 이용한다. 스마트폰에서는 실시간으로 빠르게 질문에 답을 해주는 LiveK나 교통정보를 제공하는 다음 지도, 실시간 이슈를 알려주는 네이버의 실시간 이슈 검색 등이 킬러앱으로 주목받고 있다.

스마트폰의 커뮤니케이션 서비스 전망

데스크탑에서 인스턴트 메신저를 사용했던 때가 1998년경이다. 당시 ICQ라는 소프트웨어를 이용해서 PC통신 시절부터 알고 지내던 지인들과 메신저를 즐겼던 기억이 있다. 그 후 윈도우에 기본적으로 제공되던 MSN 메신저로 갈아타면서 세계적으로 MSN 메신저가 인스턴트 메신저 시장을 평정하는 듯했다. 하지만 한국은 무료SMS를 프로모션으로 제공하며 네이트온이 인스턴트 메신저 시장을 장악하기에 이르렀다. 치열하던 인스턴트 메신저 시장의 경쟁이 이제 모바일에서 벌어지고 있다. 유료 어플은 WhatsApp을 따라한 m&TALK 그리고 에이메일의 햇살과 같은 어플들이 쏟아져 나오고 있다.

모바일 인스턴트 메신저 전쟁의 주목할 점과 성공 요인은 무엇일까. '하늘 아래 새로운 것은 없다.'라는 말처럼 속속 런칭되고 있는 아이폰용 메신저 어플들도 조금씩 서로의 모습을 참고하며 저마다의 차별화 기능으로 선전하고 있다. 서비스는 조금씩 다르지만 결론적으로 데스크탑 메신저처럼 모바일 메신저 시장을 선점하기 위한 목적은 같다.

소셜 네트워킹 카테고리에는 여러 메신저 어플들이 순위를 다투고 있다. 사실 대표적인 SNS인 트위터나 마이스페이스, 페이스북 등에도 간단한 메시지를 보낼 수 있는 기능이 제공되고 있다. 물론 그 외에도 기존의 데스크탑 인스턴트 메신저와 연동해서 사용할 수 있는 모바일 메신저와 순수한 모바일 메신저 어플에 이르기까지 다양한 기능의 어플들이 있다.

기존 데스크탑 인스턴트 메신저와 연계해 동작되는 대표적인 어플로는 미보, 프링, 팔링고 등이다. 커뮤니케이션 서비스의 가장 큰 핵심은 사용자 수이다. 맨땅에 헤딩하기보다는 기존의 서비스를 발판으로 성장하기 위함이다.

반면 모바일이라는 새 플랫폼에 새롭게 시작한 순

QR 코드 038
모바일 메신저의
주도권 다툼

수 모바일 메신저도 있다. 대표적인 것이 WhatsApp이다. 그 외에 마이피플, 핑과 m&Talk 등이 있다. 앞으로도 많은 크고 작은 기업에서 모바일을 위한 메신저들을 쏟아낼 것이다. 바야흐로 2000년대 초의 데스크탑 메신저가 봇물처럼 나오며 경쟁했던 것과 같다.

쏟아져 나오는 모바일 메신저 시장에서 성공하기 위해서는 어떤 전략이 필요할까. 그에 앞서 성공에 대한 정의부터 해야 한다. 과연 국내 모바일 시장을 장악한 네이트온은 성공한 것일까. 네이트온은 투자 대비 월등한 수익을 내고 있을까. 아니면 네이트온은 네이트의 다른 서비스 모두에 도움이 되는 효자 노릇을 하고 있을까. 자칫 돈이 안 되는 쓸데없는 짓을 할 우려 때문에 미국의 여러 모바일 메신저들은(WhatsApp, 핑 등) 유료로 어플을 판매하고 있다. 처음부터 명확하게 유료 어플로 자리매김을 하고 있는 것이다. 이처럼 성공에 대한 명확한 목표를 설정하고 그에 맞는 전략을 추구해야 한다.

수익이 목적이라고 한다면 WhatsApp 외에 pushme.to와 같이 유료로 어플을 제공하거나 프링처럼 광고 배너를 통해서 수익을 창출해야 한다.

무료로 공개된 마이피플, m&Talk나 햇살 그리고 WhosHere, 프링, iPTT, Skreeky, Bluetooth Chat 등과 같은 어플은 사용자를 더 많이 확보해서 시장 지배를 목적으로 하고 있다. 메신저 시장은 결국 승자독식이기 때문에 비록 공짜로 서비스를 제공하더라도 시장만 장악하면 추후 매각하거나 광고 혹은 새로운 형태의 비지니스 모델을 기대할 수 있기 때문이다.

결국 목표는 모바일 메신저 시장을 지배하는 것이다. 메신저 시장을 지배하기 위해서는 많은 사람이 사용해야 한다. 커뮤니케이션 서비스는 네트워크 효과가 그 어떤 서비스보다 지배적이기 때문에 사용자를 늘리는 수밖에 없다.

과거의 데스크탑 메신저나 휴대폰 SMS·MMS가 주지 못하던 사용자 체험을 주거나(WhosHere처럼 위치에 기반한 채팅 기능이나 iPTT처럼 디지털 워키토키로 여러 명의 음성으로 토론하는 기능), 서비스의 사용성이 뛰어나 다른 서비스보다 편리하거나(WhatsApp처럼 현재 위치 공유와 음성쪽지 등 다양한 데이터 공유 기능), 무료로 주는 혜택이 많거나, 기존에 가지고 있는 서비스 경쟁력이나 자사의 자산에 기반해 서비스의 영역을 확장한다면 모바일 메신저 시장에서 경쟁력을 갖추게 될 것이다.

WhatsApp을 따라하는 서비스의 홍수 속에서 살아남는 것은 1~2개에 불과할 것이다. 그 위치에 오르기 위해서 긴호흡을 가지되 매의 눈으로 서비스를 설계하는 전략을 추구해야 할 것이다.

INSIGHT _ 위치에 기반한 서비스

스마트폰은 전화번호와 함께 24시간 연결되어 있으며, 스마트폰에 내장된 각종 센서(GPS와 카메라, 마이크)가 일거수일투족을 기록할 수 있다. 이러한 데이터를 기반으로 스마트폰의 특성에 맞는 서비스로 거듭나고 있는 것이 트위터, Yelp, 포스퀘어, Loopt 등이다. 이들 서비스는 스마트폰에 최적화되어 있음은 물론 위치 기반으로 되어있다. 트위터에 스마트폰으로 올린 글은 사용자가 포스팅을 한 위치 정보와 함께 포스팅된다.(사용자의 승인을 거친 후) 이렇게 위치 정보와 함께 기록된 포스팅은 트위터의 검색 기능을 이용해 특정 위치를 기준으로 해당 위치 주변에 올라온 글만을 필터링해서 볼 수 있다. 구글 지도 위에서 특정 지역에 올라온 트윗만을 볼 수 있는 매시업 서비스까지 있을 정도이다. (http://www.geochirp.com)

QR코드 039
http://goo.gl/t56m
포스퀘어에 등록된
일본 시부야역

또한 포스퀘어는 위치 기반의 SNS이다. 특정 장소를 방문할 때마다 포스퀘어를 연결하면 자신이 방문한 곳이라는 낙서도 할 수 있도록 해준다. 어렸을적 커피숍이나 주점, 화장실에 가서 낙서를 하는 것과 같다. 다만 디지털 낙서라는 점과 세계의 누구나 볼 수 있다는 점이 다를 뿐이다. 또 특정 사용자에 대한 정보를 자세하게 추적할 수 있다. 그가 어떤 곳에 다녀왔고 그곳에 어떤 글을 남겼는지, 그 시간은 언제인지도 알 수 있다. 또한 그의 글을 통해서 누구와 그곳을 다녀왔는지를 추론해 볼 수도 있다. 물론 이러한 정보는 타인에게 노출되지 않도록 보안 설정을 할 수 있다.

11

모바일 서비스 전략의 포인트

모바일에서의 서비스 전략은 어떤 기준과 프레임워크로 접근해야 할까. 웹과는 다른 모바일의 특성과 비즈니스 모델을 고려해서 접근해야 한다. 무엇보다 모바일의 플랫폼 특징에 대한 이해가 필요하며, 모바일에서의 서비스 개발 방법론 그리고 서비스의 제공 목적과 비즈니스 모델에 대한 고찰이 요구된다.

모바일 전략을 위한 기본 이해

모바일에서 서비스 전략을 수립함에 있어 기초적으로 이해해야 할 것은 스마트폰과 OS 그리고 네트워크 세 가지이다. 웹에서는 PC와 윈도우 그리고 초고속 인터넷에 대한 별다른 이해가 요구되지 않았다. 그저 웹 브라우저의 특징과 웹의 기본적인 UI에 대한 이해만 하면 되지만 모바일은 전략이 달라야 한다.

모바일 플랫폼의 차이점

모바일 플랫폼의 근간이 되는 하드웨어는 스마트폰이다. 그런데 스마트폰은 PC와 달리 서로 호환이 되지 않는다. PC의 경우 대부분의 사용자가 IBM 호환 PC를 사용하고 있다. IBM 호환 PC라 불리는 이유는 IBM이 만든 PC와 호환이 된다는 뜻이다. 대부분의 윈도우가 탑재된 PC는 IBM PC와 호환이 되도록 설계되어 있다. 그래서 서로 다른 제조사의 PC에서 출시한 컴퓨터 간에 파일의 전송과 소프트웨어의 사용과 UI가 동일하게 구성되어 있다. 모니터의 크기에 따라 화면 해상도가 다를 뿐 기본적인 작동은 같다. 그런데 맥과는 호환이 되지 않는다. 애플의 맥은 서로 다른 시스템을 사용하기 때문에 IBM 호환 PC와 호환되지 않지만 대부분의 PC가 IBM 호환 PC이기 때문에 큰 불편없이 사용이 가능하다.

하지만 스마트폰의 경우는 사정이 다르다. 스마트폰은 아직 시장 진입기이다 보니 표준이 정해져 있지 않다. PC 시장과 달리 애플이 아이폰을 기반으로 빠른 속도로 성장 중이며, 아이폰보다 더 많이 팔린 노키아폰, 블랙베리가 있다. 최근 무서운 속도로 성장하는 안드로이드폰도 있다. 게다가 각 스마트폰마다 스크린의 크기와 해상도, 사양이 조금씩 다르다. 키보드가 내장되어 있거나 풀터치로 구성되어 있다. 어떤 제품은 정전기 방식으로 터치가 동작되는데 반해 어떤 것은 감압식으로 운영된다.

이들 스마트폰 기기의 특성과 스펙 등을 이해하지 못하면 모바일 서비스 전략을 수립할 수 없다. 각 스마트폰에 어떤 센서가 내장되어 있으며 기기의 특성이 무엇인지 알아야 그에 맞는 서비스 설계가 가능하다. 일부는 터치가 아닌 키보드의 방향키나 트랙볼 등으로 조작된다. 이러한 경우에는 트랙볼 조작을 염두에 두고 서비스의 UI를 설계해야 한다. 일부 스마트폰에는 디지털 컴퍼스가 내장되어 있지 않기 때문에 지도에서 어떤 방향을 바라보고 있는지 표시가 불가능하다. 디지털 컴퍼스나 지자기 센서 등이 내장된 제품은 그 센서의 특징을 이용해 특화된 서비스의 구성이 가능하다. 만일 스마트폰의 하드웨어에 대한 충분한 이해가 없으면 이러한 서비스 전략을 수립할 수 없다.

모바일 서비스 전략의 가장 중요한 것은 다양한 스마트폰을 직접 체험하고 기술적 특성을 충분히 이해해야 한다는 것이다. WWW와 달리 스마트폰은 기술이 표준화되지 않았기 때문에 각 스마트폰의 기술적 특성을 충분히 파악하고 있어야 제대로 된 서비스를 설계할 수 있다.

OS에 대한 완전한 이해

스마트폰에는 OS가 탑재되어 있다. OS는 PC의 윈도우와 같은 역할을 한다. 그런데 웹에서 서비스를 만들 때는 윈도우에 대해 자세히 알 필요가 없지만 모바일에서는 다르다. 모바일에서는 스마트폰 OS에 대해 자세하게 파악하고 있어야만 제대로 서비스를 설계할 수 있다. 그 이유는 스마트폰의 OS에서 제공되는 API 때문이다. 요리사의 요리 솜씨는 재료가 50퍼센트 이상을 차지한다. 어떤 양념과 재료를 쓰느냐에 따라서 맛이 달라지는 것처럼 스마트폰의 서비스 개발은 어떤 API를 사용하느냐에 따라 서비스의 사용성이 달라진다.

QR 코드 040
http://goo.gl/BN7w
스마트폰별 오픈
API 모음집

스마트폰 OS에 대한 철저한 이해와 API에 대한 분석이 있어야만 서비스를 제대로 설계할 수 있다. 그런데 OS는 윈도우처럼 자주 업그레이드가 이루어진다. 애플의 아이폰은 벌써 4.0 버전이며, 구글도 여러 차례 업그레이드가 되어 2010년 6월 최신 버전은 Proyo 2.1이다. OS가 업그레이드 되면 과거에는 제공되지 않던 API들이 제공된다. 아이폰의 경우만 해도 아이폰 OS 4.0으로 업그레이드 되면서 멀티태스킹, 폴더 분류, iAd 등 약 1,500개의 API를 추가로 오픈했다.

게다가 스마트폰 OS별로 오픈되는 API의 종류가 다르다. 안드로이드의 API와 아이폰의 API가 다르다. 그러므로 서비스를 설계하더라도 아이폰에서 지원되던 것이 안드로이드에서는 안될 수 있으며, 그 반대일 수도 있다. 스마트폰의 OS별 특징과 지원 가능한 API에 대해 명확하게 파악하고 있어야 스마트폰별로 어떠한 서비스 전략을 구사할지를 정리할 수 있다. 안드로이드는 전화 통화 내역과 SMS 메시지 내역을 어플에서 접근할 수 있는 API가 열려있다. 반면 아이폰은 이러한 API가 제공되지 않는다. 만일 커뮤니케이션 기반의 어플을 개발한다면 안드로이드의 전화 통화 목록과 SMS History API를 이용해서 좀 더 편리한 기능, 혁신적인 서비스를 제공할 수 있다. 하지만 아이폰에서는 이러한 기능 구현이 불가하다. 이처럼 API의 특징과 종류에 대해 명확하게 파악하고 있어야 한다.

특히 안드로이드의 경우 멀티태스킹이 지원되어 어플을 실행한 후 다른 어플을 사용하면 백그라운드에서 동작하게 된다. 이때 설계를 잘못하면 배터리 소모가 과도해 해당 어플로 인하여 휴대폰의 배터리가 금새 방전된다. 서비스를 개발할 때 폰의 배터리 소모율, 프로세서 점유율 등도 충분히 고려해야 한다.

서비스에 대한 벤치마킹과 마케팅

모바일의 서비스 전략을 수립함에 가장 좋은 것은 벤치마킹이다. 모방은 제2의 창조라는 말에서 알 수 있듯이 가장 훌륭한 아이디어는 기존의 것에서 배우는 것이다. 이미 아이폰 앱스토어에는 22만 개가 넘는 아이디어들이 넘쳐난다. 물론 모바일 웹 역시 하루가 멀다하고 새로운 서비스가 등장하고 있다. 이러한 서비스를 직접 체험하고 분석을 해보면 모바일의 서비스 전략을 수립하는데 큰 도움이 된다.

모바일 어플 개발의 진입장벽이 낮다 보니 특정 어플이 뜬다 싶으면 유사 어플들이 금새 나온다. 그렇기 때문에 앱스토어의 랭킹 순위도 하루가 멀다하고 뒤바뀌기 일쑤이다. 50위 안에 들어서 2~3일 만에 1위까지 올랐다가 1주일이 지나면 금새 50위 밖으로 밀려나기도 한다. 1주일에 10만 명 정도가 다운로드 받아야 그나마 주목에 성공한 것이고 10만 명이 되지 않으면 해당 어플은 이후 지속적으로 성장하기 어렵다. 그런 만큼 모바일 서비스 전략을 수립할 때에는 경쟁이 되는 어

QR 코드 041
http://goo.gl/RZzS
너무 많이 존재하는
아이폰 앱

플들에 대한 서비스의 기능적인 분석 외에 마케팅적인 분석도 병행해야 한다. 언제 출시가 되어 몇 번의 업데이트가 되었고, 사용자들의 평가는 어떤지 다운로드 수와 사용자 수는 어느 정도가 되는지를

다양한 경로를 통해 파악하고 이에 맞는 마케팅 전략을 수립해야 한다. 즉, 웹보다 더 치열한 마케팅 전략이 수반되어야 사용자들의 주목을 받을 수 있다.

이미 스마트폰 앱스토어는 경쟁이 치열하다. 서비스의 품질만으로는 성공하기 어렵다. 해당 서비스를 사용자에게 어떻게 홍보하고 마케팅할 것인지 마케팅 전략도 병행되어야 한다. 초기 얼리어답터들에게 주목받은 이후에도 지속적으로 일반 사용자들을 유입시키려면 어떠한 마케팅 방안이 필요한지 서비스를 만들 때부터 고민을 해야 한다.

어플이 출시되면 모바일 사용자들이 많이 사용하는 트위터 등을 통해 입소문 마케팅을 전개해 나간다. 사용자들의 추천 등을 통해 해당 서비스가 소개된다. 규모가 있는 기업이라면 언론에 보도자료를 배포해 관심을 불러일으키는 방법을 이용하기도 한다. 그 외에도 스마트폰 전문 커뮤니티와 스마트폰 어플 리뷰 블로그 등을 통해서 서비스에 대한 리뷰로 사용자들에게 홍보한다.

하지만 그 이후가 문제이다. 이러한 경로를 통해 소개된 이후에 지속적으로 사용자를 확보하려면 후속 마케팅이 필요하다. 얼리어답터가 아닌 일반 사용자들이 서비스를 알고 접근할 수 있도록 모바일 광고 혹은 이벤트 등을 통해 지속적으로 서비스를 알려야 한다. 유료 어플의 경우에는 주기적으로 무료 이벤트를 실시해 사용자들에게 서비스를 알리는 방식을 활용하기도 한다.

INSIGHT _ 지속적인 업그레이드

국내에 대표적으로 사용되는 모바일 어플리케이션으로 다음 지도가 있다. 다음 지도는 아이폰, 옴니아2, 안드로이드폰 등을 대상으로 서비스되고 있으며 국내에서 가장 많은 사용자가 다운로드 받아 사용하고 있다. 사실 이미 유사한 기능의 어플로 구글 지도(아이폰, 안드로이드폰에 기본 탑재되어 제공)와 네이버의 지도도 서비스되고 있다. 하지만 다음 지도가 가장 널리 사용되는 이유는 국내의 사용자들이 좋아할 만한 로드뷰(거리 사진)와 상세한 지역 정보 서비스가 제공되기 때문이다. 이런 점이 구글 지도와 차별화가 된 것이다.

또한 다음 지도는 런칭 이후 1년간 14회 이상의 업그레이드가 되었다. 다음 지도는 꾸준한 업그레이드를 통해서 사용자들에게 호평을 받았다. 어플이 업그레이드가 되면 기존에 다운로드 받은 사용자들이 업그레이드를 하면서 입소문이 나기 때문에 앱스토어의 랭킹 순위에 얼굴을 들이밀 수 있는 기회도 생긴다.

모바일 웹 vs 어플의 선택

모바일 전략 수립에 있어 가장 큰 어려움은 개발 방법이다. 모바일 웹의 형태로 개발할 것인지, 어플의 형태로 개발할 것인지가 가장 큰 숙제이다. 서비스의 사용성과 기능을 생각한다면 단연코 어플의 형태가 바람직하다. 하지만 어플 개발은 리소스의 투자를 필요로 한다. 과연 모바일 웹과 어플의 서비스는 어떤 방식으로 개발해야 할까?

모바일 웹의 강점과 단점

모바일 웹의 최대 강점은 개발에 들어가는 리소스가 크지 않다는 것이다. 이미 웹 홈페이지를 운영하고 있다면 그 홈페이지를 부분 수정하는 것으로 모바일 웹 대응이 가능하다. 물론 기획, 개발 인력 역시 기존의 웹 서비스를 담당하던 사람이라면 누구나 할 수 있다. 기존 PC 기반의 웹처럼 크로스 브라우징(인터넷 익스플로러, 파이어폭스,

구글 크롬 등)의 이슈가 모바일 웹에서도 존재한다. 즉, 아이폰 사파리와 웹킷 기반의 브라우저, 휴대폰에 포함된 폴라리스 등의 여러 브라우저에 대한 대응이 필요하다. 하지만 웹처럼 크로스 브라우징의 대응이 고난도의 기술이나 많은 리소스를 필요로 하는 것은 아니다.

모바일 웹은 웹을 모바일의 특성에 맞게 경량화한 것이다. 그렇기 때문에 PC나 아이패드에서도 웹 브라우저로 모바일 웹 전용 페이지에 연결할 수 있다. 국내에 있는 홈페이지를 외국에서 연결하더라도, 데이터의 양이 적으므로 외국에서도 빠른 속도로 국내 홈페이지에 연결이 가능하다. 물론 웹처럼 검색, 하이퍼링크 등도 지원된다. 그러므로 기존 웹과 모바일 웹을 상호 연계하고 검색 광고나 배너 광고 등을 통한 홍보가 가능하다.

반면 모바일 웹은 스마트폰이 가진 사용성을 100퍼센트 구현할 수 없다. 모바일 웹 브라우저에서는 사용할 수 없는 API들이 많기 때문이다. 예를 들어 아이폰에서 동작하는 각종 게임들을 모바일 웹으로는 구현할 수 없다. 아이폰의 다음 지도와 같은 어플을 모바일 웹에서 구현하면 속도가 느리고 사용성이 떨어진다. 또한 모바일 웹에서는 카메라를 호출할 수 없어 모바일 웹을 사용하는 도중에 카메라를 실행해서 사진을 촬영하는 것이 불가능하다. 파일을 업로드하는 것도 불가능하다.

어플은 스마트폰에서 제공되는 모든 API를 이용해서 다양한 기능을 지원할 수 있으며 사용성도 훌륭하다. 하지만 어플의 최대 단점은 모바일 웹처럼 ROI가 높지 않다. 어플은 개발하는데 들어가는 리소스가 상당하다. 게다가 모바일 웹의 크로스 브라우징과 달리 어플은 각 플랫폼별(아이폰, 블랙베리, 안드로이드 등)로 따로 개발해야 하기 때문에 많은 투자가 필요하다. 또한 해당 어플의 개발도 그 특성이 달라 해당 분야의 전문 개발자를 통해야 한다. 어플이 사용성과 기능은 막강하지만 모바일 웹과 비교해서 투자해야 하는 비용이 크다.

 INSIGHT _ 모바일 웹 변환 솔루션

파란닷컴은 매직홈 모바일(http://magic.paran.com)이라는 서비스를 제공한다. 이 서비스를 이용하면 기존의 웹 홈페이지를 손쉽게 모바일 웹 페이지로 변환할 수 있다. 개별적으로 최적화해서 개발하는 것에 비해서 완전하지는 않지만 기존 웹 홈페이지를 비교적 쉽게 모바일 웹으로 변환할 수 있다. 이러한 솔루션 덕분에 모바일 웹의 제작은 더욱 간단하고 편리해질 것이다.

어플 개발의 필요성

어플 개발에 들어가는 비용이 큼에도 불구하고 어플을 고수하는 이유는 모바일 웹이 주지 못하는 사용성과 가치를 제공하기 때문이다. 하지만 주의할 것은 안드로이드 마켓에 등록된 어플 중 약 40퍼센트는 다운로드 수가 50회도 안될 만큼 주목받기 어렵다는 점이다. 너무 많은 어플들이 존재하기 때문에 사용자의 스마트폰에 다운로드되어 설치되도록 만드는 것이 쉽지 않다. 게다가 사용자가 어플을 설치했다고 하더라도 실행을 하지 않으면 서비스의 가치가 증대되지 않는다. 스마트폰에 설치한 어플이 수십 개라 할지라도 모든 어플을 하루에 한 번 이상 실행하는 것은 아니다. 대부분의 어플은 한 달에 한 번 정도 실행할 만큼 자주 찾지 않는다. 어플이 서비스적으로 가치가 있으려면 자주, 많이, 오래 실행해야 한다. 하루에 여러 차례 실행해서 오래도록 사용하는 어플을 만들어야 한다. 하지만 어플의 개수가 많다 보니 자주 찾는 어플로 자리매김하는 것이 쉽지 않다. 이러한 어려움 때문에 어플을 만들 때는 충분한 시장성을 고려해야 한다.

다음과 같은 이유가 있을 때에 모바일 웹보다 어플을 선택하는 것이 좋다.

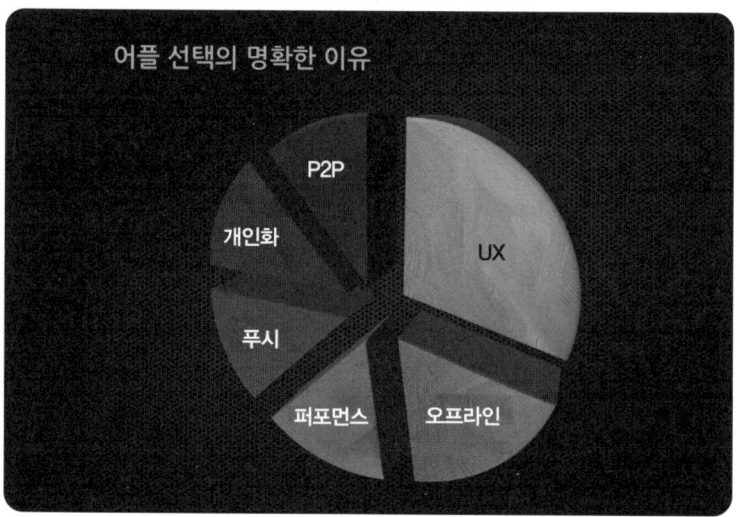

그림 11-01
앱으로 개발해야 하는 몇 가지 이유

• UX : 모바일 웹은 어플의 사용성을 따라갈 수 없다. 특히 게임이나 인터랙티브한 요소가 들어가는 서비스인 경우는 어플이 모바일 웹보다 낫다. 그 외에 스마트폰에서 제공되는 각종 센서와 다양한 API를 이용해야만 하는 경우에는 어플로 개발해야 한다. 스마트폰용 게임들이 모두 여기에 속한다.

- P2P : 두 스마트폰 간에 데이터를 직접 송수신하는 방식으로 서비스가 구현되는 경우에는 모바일 웹으로 구현할 수 없다. 대표적인 것이 명함과 사진을 공유할 수 있는 BUMP와 사용자 간에 무전기처럼 대화를 나눌 수 있는 iPTT와 같은 어플들이다.

- 오프라인 : 모바일 웹은 인터넷에 연결된 상태에서만 웹서핑이 가능하다. 미리 데이터를 다운로드 받고 로컬에 저장된 파일을 불러들여 서비스를 사용하는 것이 어렵다. 어플은 미리 와이파이로 데이터를 다운로드 받아 두고 오프라인 상태에서 인터넷 연결없이 서비스를 사용할 수 있다. 네이버의 웹툰과 구글 리더기인 Byline 등의 어플이 대표적이다.

- 성능 : 모바일 웹은 HTML과 자바스크립트로 된 데이터를 다운로드 받아 브라우저가 해독해서 정보를 보여준다. 그러므로 화면에 정보가 출력되기까지 속도가 느리다. 하지만 어플은 이러한 속도를 단축시킬 수 있다. 트위터나 다음 카페 등은 모바일 웹으로도 구현이 되지만 속도가 느리기 때문에 어플로 만들 경우 빠르게 서비스를 사용할 수 있다.

- 푸시 : 웹의 단점은 브라우저를 실행하고 주소 표시줄에 URL을 입력해야만 정보를 볼 수 있다. 어플은 사용자에게 메시지를 전달해서 새롭게 업데이트된 내용을 알려줄 수 있다. 이것을 푸시라고 하며, 메시징 어플들 대부분은 푸시를 이용한다. 마이피플이나 카카오톡, 스카이프, 메일 등은 푸시를 이용한다. 모바일 웹으로는 이러한 서비스들을 구현하기 어렵다.

- 개인화 : 웹은 모두에게 동일한 화면을 보여준다. 스마트폰에서

http://m.daum.net을 연결하면 모든 사용자는 같은 내용을 보게 된다. 하지만 어플은 사용자가 미리 설정해둔 설정값에 따라 사용자가 선호하는 내용만을 구분해서 볼 수 있다. 어플은 이런 개인화가 가능하다.

중장기적인 모바일 개발의 선택

모바일에서 서비스를 개발할 때에는 어플과 모바일 웹에 대한 개별적인 서비스 전략을 수립하는 것이 중요하다. 어플은 여러 플랫폼에 대한 대응과 지속적인 업그레이드를 해야 하고, 모바일 웹은 웹의 연장선에서 웹과 함께 어떻게 상호 연계해서 업그레이드를 할 것인지를 고려해야 한다.

그런 면에서 기술의 발전을 주의 깊게 바라볼 필요가 있다. 1990년대 하반기에 넷스케이프를 통해 WWW를 처음 사용하던 때만 해도 웹에서 동영상을 재생하고, 인터랙티브한 서비스를 사용한다는 것은 상상조차 할 수 없었다. 하지만 지금 우리는 웹에서 고화질의 HD TV를 시청할 수 있게 된 것은 물론 게임까지도 즐길 수 있다. 심지어 AJAX라는 기술을 이용해서 RIA를 사용할 수 있게 되었다. 좀더 인터랙티브한 서비스가 가능해져 PC에 설치해서 사용하는 MS 워드나 파워포인트와 같은 오피스 프로그램을 웹에서 즐길 수 있다.

모바일 역시 기술의 발전이 빠르게 전개되고 있다. 지금의 모바일 웹이 1년 후 어떻게 달라질지 모른다. 모바일 웹은 빠르게 진화하고 있다. 실제 HTML5라는 규격으로 모바일 웹이 더욱 똑똑해지고 강력해지고 있다. HTML5는 어플 만큼의 사용성은 아니지만 동영상 재생과 인터랙티브한 서비스 구성을 가능하게 해준다. 심지어 HTML5는 PC 웹에서처럼 게임 구현이 가능하다. 이미 아이폰 사파리에서는 HTML5를 지원하고 있으며 향후 많은 모바일 웹 브라우저들이 HTML5를 지원할 것으로 기대된다. HTML5가 좀 더 진화되면 어플로만 가능했던 서비스들이 모바일 웹에서도 구현할 수 있을 것이라 기대된다.

 INSIGHT _ 스마트폰의 위젯

안드로이드폰에는 아이폰과 달리 폰의 홈 화면에 어플의 아이콘이 아닌 위젯을 배치할 수 있다. 위젯은 아이콘과 달리 정보를 표시할 수 있다. 위젯을 통해서 날씨, 속보, 캘린더, 검색 입력창 등을 배치할 수 있다. 위젯은 홈 화면에 항상 띄워져서 서버와 데이터를 송수신하면서 새롭게 갱신된 정보를 받아온다. 어플을 개발하는 것은 상당한 리소스가 투입되어야 하지만 위젯은 개발에 들어가는 리소스가 크지 않다. 위젯을 터치하면 브라우저가 실행되면서 모바일 웹이 보여지도록 구성하면 위젯과 모바일 웹이 어플의 사용성을 흉내낼 수 있다.

그림 11-02
안드로이드 폰의 다양한 위젯

목표와 대상 그리고 목적의 명시화

한국의 스마트폰 보급률은 불과 5퍼센트가 채 되지 않은 약 300만 명 미만이다. 2011년이 되더라도 30퍼센트가 되지 않을 것이라는 예상 만큼 스마트폰은 아직 대중적인 기기는 아니다. 적어도 2~3년은 지나야 50퍼센트 이상에게 보급될 수 있을 것이다. 그렇기 때문에 모바일 서비스 전략을 수립할 때는 이러한 보급률을 염두에 두어야 한다.

서비스 전략의 CSF

모바일 서비스 전략은 플랫폼에 대한 기본적인 이해가 있은 후에 개발 방법론(모바일 웹과 어플)에 대한 결정을 해야 한다. 이후 고려해야 하는 것은 다음과 같다.

첫째, 모바일 서비스를 통해 얻고자 하는 것을 명시화해야 한다. 즉, 모바일에서 서비스 구현을 하는 목적이 무엇인지를 결정해야 한다. 신규 사업의 일환으로 비즈니스 모델을 만들고자 하는 것인지, 기존 고객에 대한 로열티 케어의 일환인지, 브랜드 마케팅 차원인지 명확한 목표 설정을 해야 한다. 목표에 따라 어떤 모바일 서비스를 개발하고, 어떤 플랫폼에서 모바일 서비스를 구현할 것인지가 달라진다.

둘째, 타깃 고객을 분석해야 한다. 모바일로 구현된 서비스가 궁극적으로 어떤 고객층에게 도달하기를 원하는지, 어떤 고객층이 사용하기를 원하는지 파악해야 한다. 그런 후에 주력 단말기를 정해야 한다. 시중에 출시된 모든 스마트폰에 서비스를 개발할 수는 없다. 상황에 따라 스마트폰이 아닌 피처폰에 서비스를 개발하는 것이 나을 수도 있다. 단일 기종으로는 한국에서 아이폰이 가장 많이 판매되었다. 하지만 아이폰 사용자는 주로 서울·경기도에 거주하는 20~30대 대학생과 직장인이 많은 편이다. 반면 블랙베리는 10만 대도 채 되지 않지만 30~40대의 남성 직장인들에게 많이 보급되었다. 풀 브라우징 브라우저가 내장된(모바일 웹 사용이 가능한) 휴대폰은 10~20대 학생들에게 많이 보급되었다. 이처럼 단말기별로 주력 사용자층이 다르므로 시중에 보급된 단말기의 고객층을 파악해 서비스를 제공하고자 하는 고객층과 대조해서 주력 단말기를 정하는 것이 좋다. 물론 가장 좋은 것은 모든 스마트폰, 휴대폰에서 접근 가능한 서비스를 개발하는 것이다. 하지만 현실적으로 불가능하므로 주력 단말기에 대한 선별이 중요하다.

셋째, 서비스 피처(서비스의 기능, 형태)를 설계하면서 약 1~2년 동안의 액션 플랜을 정해야 한다. 즉, 모바일 서비스를 2~3개월 운영하고 끝낼 것이 아니라면 긴호흡으로 서비스를 설계해야 한다. 대부분의 성공적인 모바일 서비스들은 2~3개월마다 업그레이드를 하며 새로운 기능을 보강한다. 특히 모바일 플랫폼이 빠른 속도로 진화하면서 새로운 API가 개방되고 개선되기 때문에 이러한 것에 발맞춰서 서비스를 개선해 나가야 한다. 그러므로 처음부터 완벽하게 모든 기능이 동작하는 서비스를 만들려 하지 말고 순차적으로 하나씩 추가하는 것이 좋다. 또한 그에 맞는 1~2년 정도의 계획을 정리한다. 처음에는 아이폰이나 안드로이드폰으로 서비스를 개발한 이후에 점차 플랫폼을 늘려가는 전략을 추구해야 한다. 단, 모바일 웹으로 구현되는 서비스라면 처음부터 모든 플랫폼(브라우저)을 지원하는 것이 바람직하다.

QR코드 042
http://goo.gl/0G22
남자가 더 선호하는
안드로이드폰

INSIGHT _ 모바일 마케팅

모바일을 서비스적 차원이 아닌 마케팅적 차원에서 접근하는 사례도 늘어나고 있다. 마케팅을 목적으로 스마트폰 어플을 개발하는 경우는 크게 두 가지이다. 첫 번째는 기업의 브랜드를 알리고자 하는 것이며, 두 번째는 고객과의 지속적인 커뮤니케이션을 통해서 기업의 상품과 서비스에 대한 로열티를 확보하고자 하는 것이다.

기업 브랜드를 알리는 목적으로 만드는 어플들은 사용자들이 재미있게 사용할 수 있는 서비스들이다. 대표적인 어플들로 Carling이란 맥주 회사의 iPint, 보험 회사 Vrijverzekerd, 스텔라 아르투아 등이다. 이들 어플은 맥주, 보험 회사를 홍보하기 위해 게임처럼 재미있게 사용할 수 있도록 구성되어 있다. 사용법이 간단하며 해당 기업의 브랜드와 상품을 알리는 목적으로 개발되었다. 국내에서는 참이슬이라는 어플이 진로의 소주를 홍보하는 목적으로 개발되었다. 그 외에도 월드컵 시즌을 맞아 현대자동차, 다음, KT 등에서 응원 어플을 만들어 기업 브랜드를 홍보했다.

QR 코드 043
http://goo.gl/HmHO
한 보험 회사의 브랜드 홍보 어플 동영상

기업의 상품, 서비스를 사용자에게 적극적으로 알리고 로열티 케어를 위한 어플들도 있다. 가구전문점 이케아, BMW 미니, 스타벅스 어플은 자사 고객들을 위한 서비스이다. 이케아 어플은 가구를 구입하기 전에 스마트폰의 카메라를 이용해 집에 가구를 배치해 보고 색상과 크기, 디자인을 살펴볼 수 있게 해준다. 일종의 증강현실이라는 모바일의 기술을 응용한 어플이다. 스타벅스 어플은 현재 위치의 주변에서 스타벅스 매장의 위치와 매장에 대한 정보(전화번호, 정확한 위치, 길 찾기 등)를 제공한다. 미국의 일부 매장에서는 주문과 결제도 가능하다.

QR 코드 044
http://goo.gl/7e0R
스타벅스 아이폰 어플 동영상

사용자 분석과 FGI

모바일 서비스는 웹 서비스와 마찬가지로 사용자에 대한 분석과 FGI(Focus Group Interview, 초점진단면접)를 통해서 사용자의 요구와 불편함을 지속적으로 파악하며 서비스를 진화시켜 나가야 한다. 오히려 웹보다도 훨씬 많은 사용자들에 대한 분석이 요구된다. 웹은 넓은 화면에서 마우스로 쉽게 조작이 가능하기 때문에 조금의 불편함이 있어도 극복이 가능하다. 하지만 모바일은 3인치의 작은 화면에 불편한 입력장치는 커다란 불만으로 발전한다. 이런 불편함은 사용자를 떠나게 만든다. 특히 어플은 사용자가 마음에 들지 않아 삭제하거나 홈 화면에 밀리기 시작하면 더이상 찾지 않는다.

사용자가 자주 찾는 서비스로 거듭나기 위해서는 서비스를 만들 때부터 사용자가 어떤 니즈로 서비스를 사용하는지 파악할 수 있어야 한다. 또한 서비스를 런칭한 이후에는 사용자들이 불편해하는 것이 무엇이고 어떤 점을 필요로 하는지 분석해야 한다. 이러한 분석을 통해서 서비스를 끊임없이 진화시켜 나가야 좀 더 많은 사용자가 찾는 서비스로 거듭날 수 있다.

모바일 서비스에 대한 시도는 했지만 정작 성과는 달성하지 못하는 경우가 태반이다. 그러므로 모바일 서비스를 시작할 때는 명확한 목표와 비전을 설정해서 지속적으로 개선하겠다는 의지를 가지고 투자를 해야 한다. 이때 중요한 것이 사용자들에 대한 철저한 조사와 시장 분석이다. 고객들이 서비스를 어떻게 사용하고 있고 무엇을 불편해하는지 주기적으로 조사하고 이에 대해 개선해 나가야 한다.

IV

모바일 비즈니스 전망과 테크놀로지

모바일은 과거 그 어떤 산업보다 빠르게 진화하고 있다. 그와 함께 모바일의 비즈니스 모델에 대한 다양한 신규 기술들도 등장하고 있다. 산업이 성장하기 위해서는 혁신적인 기술이 있어야 하며, 산업이 성숙하기 위해서는 비즈니스 모델의 뒷받침이 필요하다. 모바일에서 혁신적으로 시도되는 다양한 신기술과 이들을 활용한 비즈니스 모델에 대해 알아보자.

12

모바일 비즈니스의 가치와 종류

모바일에서의 비즈니스 모델은 웹과 유사하되 차별화된 특성과 가치를 제공할 것으로 전망된다. 무엇보다 모바일은 온라인과 오프라인을 엮어주는 가교 역할을 하고 있다. 비즈니스 모델 역시 온·오프라인을 연계해서 구성하는 것이 기존 PC 기반의 웹과 다른 차별화 방안이다.

이동통신사 독식의 피처폰 모바일 시장

통신 시장은 규제 산업이다. 공공의 재산인 주파수에 대한 사용권을 정부가 보장해주는 대신 정부의 규제를 품고 살아야만 한다. 정부의 규제가 필요한 것은 공공재의 주파수를 가지고 독점적으로 시장을 지배할 우려가 크기 때문이다. 정부는 어떤 규제를 통해서 기업의 자율 경쟁을 유도해 소비자의 권익을 극대화할 것인지 고민하고 있다.

피처폰의 핵심 비즈니스 모델

스마트폰 이전의 통신 시장은 통신사가 지배하는 구조였다. 이 지배 구조를 규제하기 위해 정부는 망 중립성, 망 개방 등으로 압박을 가해왔다. 하지만 통신사는 전국적으로 통신 서비스를 제공하기 위한 설비를 구축하는데 들어가는 투자비가 만만치 않기 때문에 이러한 정부의 규제를 반대했다. 휴대폰 시대의 주된 통신사의 비즈니스 모델은 통신비이다. 음성 통화료와 SMS 사용료, 각종 부가 서비스 상품 그리고 데이터 통화료 등이 그것이다. 이러한 매출들을 모두 합하면 이동통신 3사의 연간 매출은 20조에 육박한다.

음성 통화료를 통한 수익은 통신사 매출의 60퍼센트 이상을 차지하고 있다. 데이터 통화료는 20퍼센트가 채 되지 않는다. 그만큼 피처폰 시대에 사용자들은 휴대폰으로 인터넷보다는 전화 통화를 더 많이 한다는 것을 알 수 있다. 그동안 이동통신 3사는 좀 더 많은 음성통화 시장을 장악하기 위해 경쟁사의 고객을 뺏어오는 전략을 추구했다. 그렇다 보니 매년 이동통신사 매출의 20~25퍼센트인 8조를 마케팅비로 투자했다. 통신시장이 포화 상태이기 때문에 경쟁사의 고객을 뺏어와 시장 점유율을 높여야만 성장할 수 있기 때문이다. 이동통신 3사의 시장 점유율은 5: 3: 2(SKT: KT: LGU+)로, 시장 점유율을 높이기 위해 소비자들이 최신 휴대폰을 저렴한 비용으로 구입할 수 있도록 했다. 그리고 저렴하게 폰을 제공하되 1~2년의 약정을 맺어 다른 통신사로 이동하지 못하도록 했다.

QR 코드 045
http://goo.gl/OGRu
이동통신 3사의 연간 마케팅 비용

국내 휴대폰 가입자 수는 5000만 명에 육박해 이미 보급률은 포화 상태이다. 그렇다고 사용자들의 전화 통화 사용이 매년 더 늘지 않는다. 그러니 통신사는 새로운 비즈니스 모델의 개발과 신성장 동력을 갈구할 수밖에 없다.

다양한 이동통신사의 부가 상품

휴대폰 시대에 통신사에게 돈이 되는 것은 부가 서비스였다. 음성 통화 이외의 상품을 만들어 이에 대한 사용료를 부과해 새로운 수익원을 확보해야 한다. 그래서 통신사들은 발신자 번호표시, 착신 전화, 컬러링 등의 부가 상품을 만들었다. 이러한 부가 상품들은 음성 통화를 보조해 주는 서비스로 별도의 사용료를 지불해야만 사용이 가능하다. 실제 이동통신에 가입할 때면 어김없이 대리점에서 2~3개월간 강제로 사용해야 한다면서 이러한 상품 가입을 유도한다. 이 같은 부가 상품이 객단가를 극대화하는데 도움을 주었다.

이러한 상품 중 통신사의 효자 노릇을 한 것이 SMS, MMS이다. 이동통신사는 메시징 상품만으로 연간 1조 5천억 원 정도의 매출을 얻고 있다. 2009년을 기준으로 네이버는 매출이 약 1조를 넘었고, 다음커뮤니케이션은 3000억 원이 안 되는데 통신사는 SMS 매출만으로 포털 2곳의 총 연매출을 넘는 실적을 보여주고 있다. 게다가 메시징 매출은 음성 통화와 비교하면 영업이익률이 높다.

그리고 정보이용료와 데이터 통화료는 전체 매출의 비중에서는 20퍼센트가 채 되지 않지만 성장률이 높은 신성장 동력이다. 사실 일본의 경우는 통신사 매출의 40퍼센트가 넘는 것이 데이터 통화료이다. 음성 통화 시장이 포화 상태이지만 통신사 매출이 더 커지기 위해 성장해야 할 매출 포트폴리오는 데이터 통화 상품이다. 피처폰에서의 데이터 사용 시 요금 지불은 두 가지로 나뉜다. 휴대폰에서 무선 인터넷 서비스를 사용하기 위해 지불하는 것은 정보 이용료와 데이터 통화료이다. 정보 이용료는 서비스 사용을 위해 지불하는 사용료이며, 데이터 통화료는 이 서비

QR 코드 046
http://goo.gl/x5cF
무선 데이터 매출 중 콘텐츠 제공업자의 몫은?

INSIGHT _ 피처폰 시대의 망 개방

피처폰 시대에 망 개방에 대한 이슈는 뜨거운 감자였다. 통신사들이 무선 인터넷을 폐쇄적으로 운영하면서 자율 경쟁이 어려운 환경이었고, 이를 개방하라는 요구로 망 개방에 대한 문제제기가 콘텐츠 제공업자들로부터 있었다. WWW에서는 어떤 초고속 인터넷을 사용하든 무관하게 다음과 네이버를 연결할 수 있다. 또한 누구든 웹에 도메인을 만들어 홈페이지를 운영할 수 있다. 그 누구의 허락이나 허가를 받지 않아도 된다.

하지만 피처폰에서의 무선 인터넷 서비스는 이동통신 3사가 서로 다르게 운영하고 있다. 그렇기 때문에 각 통신사의 규격에 맞춰서 서비스를 별도로 개발해야 한다. 망이 폐쇄적으로 운영되어 서로 호환이 되지 않아 서비스를 개발하는 콘텐츠 제공업자들이나 서비스를 사용하는 사용자들이 혼란스럽고 불편한 것이 피처폰에서의 무선 인터넷 서비스이다.

이렇게 이동통신사의 망에 의존적인 서비스를 온포털, 망 개방 기반의 서비스를 오프포털이라고 한다. 일본은 온포털보다 오프포털의 비중이 월등히 높아 이것이 모바일 시장의 활성화에 크게 기여했다. 이 같은 오프포털은 정보 이용료를 통신사와 나누는 구조가 아니며, 통신사는 오로지 데이터 통화료만을 가진다. 국내의 경우 오프포털보다 온포털의 비중이 압도적으로 높아 이동통신사의 재가와 비호는 없이는 무선 인터넷 사업을 하기가 어렵다.

스를 사용할 때 데이터의 수신을 위해 지불하는 무선 인터넷 사용료이다. 통신사는 정보 이용료의 일부(20~30퍼센트)를 가져가고 데이터 통화료 100퍼센트를 가져간다. 피처폰에 무선 인터넷 서비스를 제공하는 사업자들은 통신사가 사용자들에게 받은 정보 이용료의 70~80퍼센트를 통신사로부터 정산받게 된다. 이러한 정보 이용료와 데이터 통화료를 극대화하기 위해 이동통신사는 그간 노력해 왔지만 이 매출이 크게 성장하지 못했던 것이 휴대폰 시장이다.

통신사 자회사들의 지배력
통신사의 무선 인터넷 매출에서 통신 기반의 상품 외에 크게 자리잡은 것이 음악 유통이다. SKT, KT는 자회사를 통해서 멜론, 도시락 등의 음악 사업을 하고 있다. 휴대폰에 이들의 서비스가 제공됨으로써 모바일 음악 유통 시장을 지배하는 강자로 군림할 수 있게 되었다. 연간 전체 5000억 원에 육박하는 음악 시장에서 휴대폰 기반의 음악이 차지하는 규모는 약 2000억 원이며 이 시장을 멜론과 도시락이 지배하고 있다. 통신 시장을 지배하는 영향력을 바탕으로 모바일 음악 시장까지 지배할 수 있게 된 것이다.

그 외에 모바일 광고 시장 역시 통신사 자회사가 지배하고 있다. SKT의 인크로스와 SK M&C, KT의 KT엠하우스 등이 대표적인 미디어랩이다. 이들은 모회사에서 제공하는 고객들의 개인정보와 위치 정보 그리고 시장 지위를 활용해서 모바일에서 광고를 집행하고 있다. 광고의 형태는 SMS, MMS를 이용한 푸시형 메시징 광고, 고객의 현재 위치 정보를 활용한 지역 광고 그리고 네이트와 쇼의 WAP

홈페이지를 이용한 배너 광고(줄 광고) 등이다. 이러한 광고들로 피처폰에서의 광고 시장은 연간 500~2000억까지 형성되었다.

QR 코드 047
http://goo.gl/IK2z
온라인 음악 시장,
SKT vs KTs

이처럼 통신사들은 공공재인 주파수를 활용해 막대한 부를 축적했고 여러 자회사를 거느리고 있다. 이들 자회사들은 통신 기반의 여러 부가 서비스와 상품을 안정적으로 운영하고 있다. 자율 경쟁이 아닌 기득권에 의해 안정적인 사업 구조를 갖추고 있는 것이다. 휴대폰에 이들 자회사의 서비스와 상품을 제공하고, 통신사가 보유한 각종 인프라와 고객의 정보를 활용해서 보장된 경쟁우위의 사업 확장을 꾀하는 것이다. 이러한 것이 기존 피처폰 기반의 통신 사업이 갖는 한계이자 문제이다.

QR 코드 048
http://goo.gl/MnJC
구글의 AdMob
인수 이유

다양한 스마트폰의 비즈니스 모델

스마트폰 기반의 비즈니스 모델은 피처폰에서 통신사들이 보유했던 시장의 경쟁력을 와해시킨다. 그런 이유로 통신사들은 스마트폰 시장을 두려워할 수밖에 없다. 본인들이 주도하던 시장의 주도권이 사라지기 때문이다.

다양한 플랫폼 기반 사업

스마트폰 시장은 웹과 마찬가지로 자율 경쟁과 개방된 에코 시스템의 특성을 갖추고 있다. 아이디어를 가진 작은 개발자나 벤처 기업

QR 코드 049
http://goo.gl/7f34
통신 자회사들의
비즈니스 모델

이 쉽게 시장에 진출해서 성장할 수 있는 평등한 시장의 특성을 지닌다. 통신사가 임의로 자회사에게 유리하도록 조작을 하거나 기회를 몰아주는 피처폰의 시장과 다르다. 그것은 스마트폰의 플랫폼이 누구나 참여가 가능한 오픈 플랫폼의 특성을 가지기 때문이다. 게다가 이 플랫폼은 어떤 통신사에 가입을 하던지 상관없는 표준, 호환 플랫폼이다. 그렇기 때문에 미국에서 사용한 아이폰을 한국으로 가져와 SKT든 KT든 가입해서 사용할 수 있다. 통신사에 종속되지 않는 플랫폼인 것이다.

스마트폰 시장을 활짝 열어주며 통신 2.0을 불러 일으킨 주역은 아이폰이다. 아이폰의 출시는 피처폰 시대의 종말을 고하게 만들었고, 통신사들을 고민에 빠뜨렸다. 스마트폰의 핵심 비즈니스 모델은 인터넷 서비스이다. 전화 통화보다는 무선 인터넷망을 통해서 다양한 인터넷 서비스를 사용하고, 게임이나 음악과 같은 콘텐츠를 소비하도록 만드는 것이 스마트폰의 부가가치이다. 그런데 문제는 이 같은 부가가치를 통해서 얻는 수익을 누가 지배하고 가져가느냐 하는 것이다. 과거 휴대폰에서는 그것을 통신사가 가져갔으며 절대적인 지배권을 행사했다. 하지만 스마트폰은 지배권을 플랫폼을 만드는 사업자(애플과 구글 등)가 가져간다. 지배권이 무소불위의 일방적인 것이 아닌 자율 경쟁을 유도함으로써 수익을 플랫폼 사업자가 독식하는 것이 아니라 많은 콘텐츠 제공업자들이 가져갈 수 있도록 플랫폼을 개방하고 자율 경쟁을 유도했다는 점이 기존의 피처폰 시장과 다른 점이다.

이를 통해 실제 통신사의 객단가도 높아지고 있다. 국내 출시된 아이폰의 객단가는 약 5만 원으로 기존 피처폰의 평균 객단가 3만 원보다 약 70퍼센트가량 높은 편이다. 그 이유는 아이폰에서의 인터넷 사용량이 늘다 보니 음성 통화 외의 데이터 통화료의 과금이 높아졌기 때문이다. 물론 스마트폰에서의 부가가치는 데이터 통화료보다 어플 구매와 콘텐츠 구매비가 훨씬 크다. 그 부가가치를 통신사가 아닌 플랫폼 사업자가 가져가고 그것을 콘텐츠 제공업자, 개발사들과 나눈다는 점이 통신사 입장에서는 배가 아픈 일이다.

QR 코드 050
http://goo.gl/ChaR
이동통신사에 위협적인 아이폰

이런 이유로 구글은 아이폰과 경쟁하기 위해 안드로이드라는 모바일 OS를 만들었고 그것을 라이센스 비용을 받거나 제조사에 팔지 않고 무료로 공개한 것이다. 무료로 공개한 안드로이드는 세계의 스마트폰 제조사들의 환영을 받으며 채택되었고 안드로이드에 기반한 스마트폰 플랫폼이 아이폰보다 더 크게 성장하면서 구글은 더 큰 부가가치를 얻을 기회를 가지게 되었다. 안드로이드가 사용된 스마트폰에는 구글의 모바일 서비스가 그 어떤 인터넷 서비스보다 잘 안착되어 동작되기 때문에 구글은 수많은 사용자들을 좀 더 쉽게 확보하고 서비스에 대한 로열티를 가질 수 있게 되었다. 앞으로 구글은 다양한 부가가치와 비즈니스 모델을 가져갈 수 있을 것이다.

어플과 콘텐츠 판매에 기반한 B2C

QR 코드 051
http://goo.gl/Zvgh
세계 이동통신사 순위

스마트폰의 열풍과 함께 스마트폰의 비즈니스 모델로 거론되는 것이 앱스토어이다. 앱스토어를 통해서 어플을 쇼핑하고 구매, 거래하는 시장 규모가 2010년 7조 원에 육박할 것으로 기대하고 있다. 7조 원 중 약 30퍼센트는 플랫폼 사업자에게 돌아가고 나머지 70퍼센트가 개발사에게 돌아간다. 하지만 이 매출은 어플의 판매에 대한 것이다. 해당 어플에서 거래되는 콘텐츠 유통은 별개이다. 대체로 아이폰에서 거래되는 22만 개의 어플 중에서 약 75퍼센트 정도가 안드로이드는 43퍼센트가 유료이다. 하지만 실제로 많이 다운로드 되는 어플 대다수는 무료이며 이러한 무료 어플들은 광고 혹은 서비스, 콘텐츠 판매 등의 목적으로 제공되는 것이다. 유료 어플의 판매를 통한 수익 외에도 무료 어플들을 통해 발생되는 부가가치가 상당하다.

벅스뮤직, 소리바다, 예스24 등의 어플들은 음악과 책을 구매할 수 있다. 이들 어플은 무료로 제공되고 있어 앱스토어의 거래 매출로는 이들 어플의 수익을 측정할 수 없다. 스마트폰의 비즈니스 모델은 어플 판매 이외에 콘텐츠의 유통과 모바일 커머스 그리고 광고 등 다양하다.

특히 애플은 앱스토어 외에 아이폰의 판매를 통해서 상당한 부가가치를 창출하고 있다. 2010년 1분기에 아이폰은 835만 대가 팔렸으며 이를 통해 애플은 50억 달러의 매출을 거두었다. 연간 20조 이상을 아이폰을 판매해서 얻게 되며, 아이폰에는 앱스토어, 아이튠즈, 아이북 그리고 iAd 등 다양한 부가가치 모델들이 들어 있다. 하드웨어를 팔아서 얻는 이득 외에도 하드웨어를 사용자들이 사용하면서 구매하는 각종 어플과 콘텐츠 그리고 광고를 통해서 얻는 부가가치가 계속 커진다는 점이 애플을 시가총액 2위로 만든 것이다.

광고와 커머스에 기반한 B2B

많은 사람들이 모바일이 행여나 2000년대 닷컴 버블처럼 비즈니스적 가치가 과대 포장된 것이 아닌가 하고 우려하고 있다. 스마트폰 보급률이 늘면서 모바일 시장이 활성화되는 듯 보이지만 정작 비즈니스 모델이 모호하고 증명되지 않았기 때문이다. 과연 수익모델이 무엇이고 규모가 검증된 웹만큼 성장할 수 있을지도 의문이다. 아울러 그 수익이 이동통신사와 같이 과거의 주도권자들에게 그대로 이양되는 것이 아닌가 하는 우려도 있다.

QR 코드 052
http://goo.gl/NvOG
앱스토어의
비즈니스 모델

모바일의 비즈니스 모델은 앱 다운로드와 사용료 지불(콘텐츠 과금, 개인 간 통신)과 같은 B2C의 수익모델 외에 모바일 커머스(쿠폰, 가격비교, 쇼핑 등)와 모바일 금융(개인 간 송금, 모바일 결제, 모바일 증권 등) 그리고 광고 등으로 구분된다. 모바일의 수익모델은 없는 것이 아니며 웹만큼이나 방대하고 다양하다. 연간 40조가 넘는 통신사의 비즈니스 모델이 이미 모바일의 비즈니스 모델이다. 그 비즈니스 모델이 스마트폰 시

QR 코드 053
http://goo.gl/MGUp
애플, MS를 재치고
시가총액 2위 등극

모바일 비즈니스 전망과 테크놀로지

장으로 넘어오면서 부분적으로 파괴되고 확장되는 것이다. 즉, 모바일은 웹의 닷컴 버블과는 상황이 다르다.

우리의 관심사는 스마트폰 시장으로의 패러다임 변환을 통해서 새로운 시장이 창출되고 그곳에서 How(얼마나), Much(많은), Volume(규모)의 수익이 확장되느냐이다. 그런 면에서 우리는 모바일 광고 시장에 주목할 필요가 있다.

매스미디어에서 온라인 미디어로 시장이 바뀌면서 7~8조 원이 되는 오프라인 광고 시장의 약 20~30퍼센트가 온라인이 차지하게 되었고 매년 성장하고 있다. 반면 매스미디어 광고 시장은 정체 혹은 하락하고 있다. 온라인 광고가 주목받게 된 가장 큰 이유는 사용자들의 시간을 더 많이 차지하게 되었기 때문이다. 20인치의 TV 스크린에서 17인치의 모니터로 사용자의 시선이 바뀐 것처럼 3~4인치의 작은 스크린이 과연 얼마만큼의 주목을 받을 수 있을 것인가를 고려해 보면 된다.

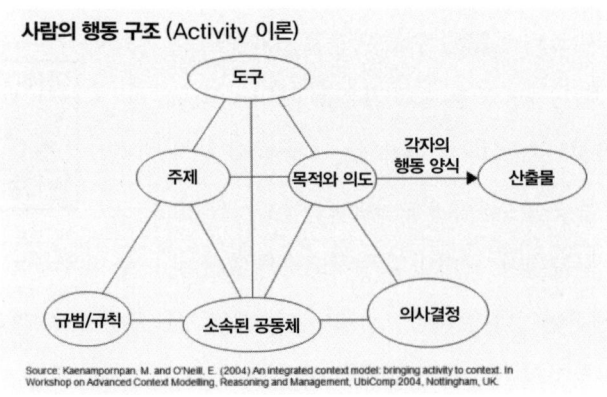

그림 12-01
학문적으로 연구되고 있는 Context Aware의 모델

광고주들이 TV나 신문에 광고를 게재하는 것보다 인터넷을 선호하게 된 이유는 명확하다. 광고 이후의 평가가 수월하기 때문이다. 광고주가 지불한 비용이 정당했는지를 판단하려면 광고에 대한 기대 효과를 측정해야 한다. 매스미디어는 그것이 쉽지 않다. 하지만 인터넷 광고는 정확한 로그 분석을 통해 실시간으로 광고 효과에 대한 데이터를 말할 수 있다. 또한 정확한 타깃은 아니지만 광고주가 관심을 둘만 한 타깃을 대상으로 광고 집행이 가능하다. 불특정 다수를 대상으로 한 무차별적인 마케팅 커뮤니케이션이 아닌 광고주의 타깃층에 대한 광고 노출이 가능하다. 이것이 디스플레이 배너와 검색 광고가 매스미디어 광고와 다른 차별화 포인트이다.

INSIGHT _ 판도라의 행동 타깃 광고

인터넷 라디오인 판도라는 스트리밍 서비스로 무료로 음악을 제공한다. 미국에서만 사용할 수 있는 이 어플을 아이폰에 설치하고 음악을 검색한 후 'Like' 버튼을 눌러 내가 좋아하는 음악을 기록해 두면 판도라 서버가 이것을 분석해 사용자가 좋아할 만한 음악을 추천해 준다. 판도라는 이렇게 무료로 사용자에게 음악을 제공하지만, 음악 저작권자들에게는 사용료를 지불한다. 그럼에도 불구하고 판도라는 연간 500억 원 이상의 매출을 발생시키며 흑자 전환에 성공했다.

판도라는 광고를 통해서 수익모델을 실현했다. 그런데 판도라가 제공하는 모바일 광고는 기존의 웹 광고와 달리 반응률과 전환율이 꽤 높은 편이다. 그 이유는 사용자가 좋아할 만한 광고를 보여주기 때문이다. 판도라는 사용자에 대한 철저한 분석을 기반으로 광고 시스템을 운영했다. 사용자의 음악 취향과 언제, 어디에서 음악을 즐겨 들었는지를 통해 사용자의 분석이 가능하다. 이 분석을 토대로 사용자가 좋아할 만한 광고를 보여주는 것이다. 사용자의 음악 사용 행태, 행동을 분석한 판도라의 타깃 광고는 모바일이 보여주는 새로운 광고 기법이다.

QR 코드 054
판도라의 광고
비즈니스 모델

모바일은 또 다른 체험을 광고주들에게 가져다 줄 것이다. 모바일 광고는 기존 온라인 광고와 다르다. 그것은 스마트폰은 사용자의 현재 상황을 자동으로 인지(Context Aware)하기 쉬운 단말이기 때문이다. 스마트폰에 기록된 각종 로그를 기반으로 PC-WWW에서는 느끼기 어렵던 광고가 가능하게 될 것이다. 그것이 무엇인지는 일본의 모바일 광고 모델을 분석해 보면 쉽게 답이 나온다. 또한 사용자의 행동을 분석하는 데이터 마이닝을 통해 광고를 제공하는 판도라와 같은 어플을 살펴보면 짐작할 수 있을 것이다.

독특한 모바일 비즈니스 사례

웹이 처음 등장하던 당시에는 비즈니스 모델의 전망이 쉽지 않았다. 모바일 역시 어떤 비즈니스 모델이 시장을 견인할지 예측하기 쉽지 않다. 다양하게 시도되는 모바일의 서비스, 비즈니스 사례 중 어느 것이 시장을 지배할지 예측하기 쉽지 않다. 그래서 다양한 국내외의 서비스, 비즈니스 사례를 체험하고 벤치마킹하면서 비교 분석해야 한다.

데이터 사용료를 받는 B2C 모델

모바일 비즈니스의 대표적 사례는 어플을 다운로드할 때 과금을 하는 것이다. 어플 판매 방식의 최대 단점은 한 번의 과금 이후에는 지속적으로 사용자에게 비용을 부과할 수 없다는 점이다. 게다가 아이튠즈 아이디를 기반으로 과금을 하기 때문에 이미 과금된 아이디를 이용해 다른 아이폰, 아이패드, 아이팟터치 등에서 해당 어플을 구매하면 비용없이 어플을 다운로드할 수 있다.

하지만 애플의 어플 결제 방식의 하나인 인앱퍼처스를 이용하면 사용자에게 지속적인 과금이 가능하다. 대표적으로 고고3D라는 국내 내비게이션 어플이 이 방식으로 과금을 하고 있다. 어플은 무료로 다운로드 받을 수 있지만, 내비게이션 지도 데이터를 다운로드할 때에 인앱퍼처스를 이용해 지도 데이터를 구매해야 한다. 그렇기 때문에 같은 아이튠즈 아이디를 이용해 결제를 하더라도 여러 대의 아이폰을 이용할 때면 매번 결제를 해야 한다. 신문사나 잡지사 그리고 게임사 등은 이 같은 인앱퍼처스 결제 방식이 유용하다. 새로운 잡지 콘텐츠를 구독할 때마다 비용을 청구할 수 있기 때문이다. 게임사는 아이템을 판매할 수도 있다. 고객들과의 접점(어플 설치)을 기반으로 지속적인 사용료, 구독료를 부과할 수 있어 새로운 비즈니스 모델로써 큰 가치를 제공한다.

그 외에 벅스뮤직, 소리바다와 같은 음악 유통 어플들도 콘텐츠 과금을 통한 비즈니스 모델을 가지고 있다. 사실 이 비즈니스 모델은 이미 통신사의 자회사인 멜론, 도시락 등이 WWW에서 구매한 음악을 PC, 피처폰 등에서 재생 가능한 음악 서비스를 제공한 것과 마찬가지이다. 스마트폰은 이동통신사들의 이들 어플을 미리 탑재해서 제공할 수 없기 때문에 벅스뮤직과 같은 음악 서비스 사업자들에게는 새로운 기회가 될 수 있다. KT의 도시락도 아이폰에서 사용할 수 있는 어플이 등장해 스마트폰 시대에 순수 온라인 음악 사업자들과 통

QR 코드 055
http://goo.gl/VT4L
아이폰
인앱퍼처스의
가능성

QR 코드 056
http://goo.gl/WsA4
스마트폰 어플의
비즈니스 모델

신사의 음악 사업자들과의 경쟁이 예고되고 있다. 또 다른 복병은 애플의 아이튠즈이다. 애플의 아이튠즈는 휴대폰의 도시락, 멜론처럼 이미 아이폰에 탑재가 되어 서비스되기 때문에 아이튠즈에서 가요가 서비스될 경우에는 벅스뮤직과 멜론은 글로벌 경쟁자를 만나게 된다. 음악 사업자들은 웹, PC에서 구입한 음악을 스마트폰 등에서도 재생할 수 있는 크로스 플랫폼을 만들어야 하기 때문에 스마트폰에 자사의 서비스를 사용할 수 있는 어플을 만들어 서비스하고 있다. 이런 어플을 통해 음악 판매와 고객 로열티가 높아질 것이다.

에버노트, 드롭박스와 같은 서비스들은 메시지, 파일 등을 저장하는 웹 스토리지 서비스들이다. 이들 서비스는 기본적으로 무료이지만 용량을 늘려서 사용하려면 돈을 지불해야 한다. 당연히 이들 서비스는 사용자가 많고 자주, 오래 서비스를 사용할수록 유료 결제의 필요성도 높아지기 마련이다. 그래서 사용자 저변 확대를 위해서 무료로 스마트폰 어플을 서비스하고 있다. 애플의 모바일미, Find my iPhone 등의 무료 어플 서비스를 통해 저변을 확대함으로써 자사의 웹 서비스에 대한 사용성 강화와 유료 결제자 확보를 위해 스마트폰 대응을 적극적으로 하는 것이다.

통신 시장을 위협하는 통신 모델

아이폰 스카이프 어플이 업그레이드 되며 3G 네트워크에서도 통화가 가능하게 되었다. 이전에는 님버즈와 같은 메신저 어플을 이용하

INSIGHT _ 비즈니스맨의 온라인 USB, 드롭박스

드롭박스는 인터넷에 파일을 올려두고 여러 디바이스(PC, 맥, 아이폰, 안드로이드, 아이패드 등)에서 공유할 수 있도록 해 주는 데이터 관리툴이다. 드롭박스에서 제공하는 무료 파일 용량은 2GB로 문서를 여러 대의 디바이스에서 파일을 공유하기에는 충분하다.

   사용법도 무척 간단하다. 드롭박스에 가입한 후 폴더를 만들어 파일을 업로드한다. 웹에서도 사용이 가능하지만 제대로 사용하려면 드롭박스 소프트웨어(PC 버전, 맥 버전, 아이패드·아이폰·안드로이드 버전)를 설치하는 것이 좋다.

   이렇게 소프트웨어를 설치하면 매번 웹에서 파일을 업로드하지 않아도 내 하드디스크에 파일을 사용하듯 관리할 수 있다. 필자는 회사에 있는 맥과 집에 있는 PC에 드롭박스 소프트웨어를 설치하고, 드롭박스 서버와 맥, 드롭박스 서버와 PC를 서로 동기화하며 사용하고 있다. 회사, 집 모두 같은 파일을 언제나 볼 수 있어 편리하다. 물론 회사에서 파일을 업데이트, 삭제, 등록하면 그 내용은 그대로 드롭박스에 적용되고 퇴근 후 집에서 PC를 켜면 집에서도 같은 파일을 그대로 볼 수 있다. 파일이 변경되면

QR코드 057
http://goo.gl/sUHn
드롭박스 가입하기

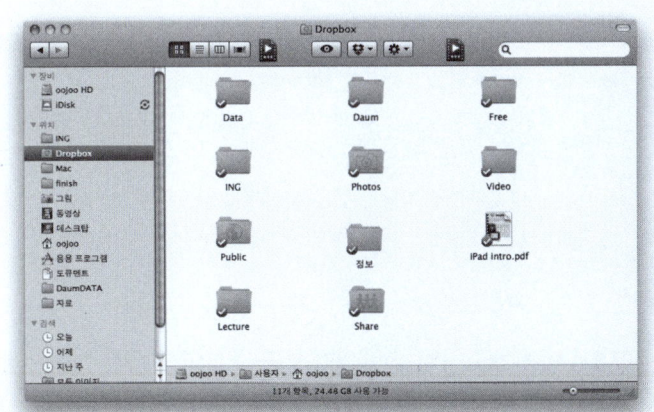

그림 12-02
컴퓨터의 폴더와 드롭박스를 동기화한 모습

실시간으로 드롭박스 서버와 동기화가 된다. 물론 해외에 서버가 있어 속도가 느리다는 아쉬움이 있지만, 비즈니스 문서(동영상이 아닌)와 이미지 파일을 사용하기에는 최적이다.

아이폰에서도 동일하게 사용이 가능하다. 컴퓨터와는 달리 스마트폰에 설치한 드롭박스 어플에서는 자동 동기화가 되지 않고 파일을 선택하면 그때 파일이 다운로드 된다. 파일을 즐겨찾기로 등록하면 폰에 다운로드 되기 때문에 언제든 파일을 열어볼 수 있다.

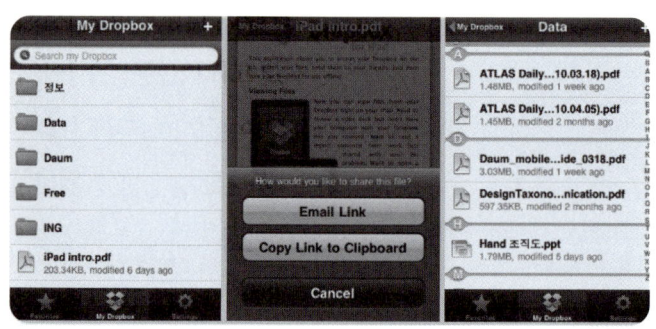

그림 12-03
스마트폰용 드롭박스 앱

물론 안드로이드도 지원된다. 아이폰보다 해상도가 큰 안드로이드 탑재폰에서는 커다란 화면에서 각종 문서 파일을 볼 수 있다. 폰과 PC를 연결해서 파일을 전송하지 않고도 언제든 필요로 하는 파일을 볼 수 있어 편리하다. 특정 폴더를 공유하면, 다른 사용자와 해당 파일을 공유하기도 쉽다. 공유한 폴더에 파일을 등록하면 해당 폴더를 공유받은 사용자는 매번 자동으로 파일에 접근할 수 있다.

드롭박스는 여러 대의 컴퓨터를 사용하거나 스마트폰을 사용하는 사람들에게는 최고의 선택이다. 특히 팀 내에서 파일을 공유하며 문서 작성을 할 때에도 유용하다.

면 와이파이가 아닌 3G 인터넷 상태에서도 스카이프 서비스를 사용할 수 있었는데 이제 정식으로 스카이프에서 3G 네트워크를 지원하게 된 것이다. 또한 아이폰4에서 페이스 타임(FaceTime)이라는 기능이 있어서 와이파이 상태에서 아이폰4 사용자 간에 무료로 화상 통화를 할 수 있다. 향후 애플은 이동통신사와의 제휴를 통해서 3G에서도 이를 가능하게 하는 서비스 확장을 꾀할 것으로 예상된다. 심지어 아이폰4의 페이스 타임은 스카이프와의 제휴를 통해서 스카이프 사용자와 페이스 타임 사용자 간에 화상통화를 지원할 것으로 예상된다.

통신사의 비즈니스 모델은 사용자에게 통신 사용료를 매월 과금하는 형태로 운영된다. 매출의 규모를 매년 키워가기 위해 전화 통화료 외에 SMS, MMS 그리고 각종 부가 서비스를 만들며 객단가를 늘려왔다. 그런데 스마트폰은 모든 부가 서비스를 통신사가 아닌 외부 사업자가 개발, 운영할 수 있도록 와해시켰다. 심지어 통신사의 고유 영역이었던 통화 서비스마저 어플리케이션이나 플랫폼을 소유한 제조사(애플)가 차지하고 있다.

이렇게 된 배경에는 스마트폰에 탑재된 공개 OS 덕분이다. PC에서 초고속 인터넷 사용료를 정액제로 지불하면 그 어떤 인터넷 서비스를 사용하든지 통신사에는 정해진 데이터 사용료만 과금하고, 그 외의 부가 서비스는 무료로 제공되는 것을 사용자가 선택할 수 있다. 이와 같은 현상이 스마트폰에서 발생하고 있는 것이다. 심지어 이동통신사의 텃밭이던 통화 시장마저 위협하고 있다. 심지어 WhatsApp, 카카오톡, 마이피플 등의 모바일 메신저 어플은 이동통신사의 SMS, MMS 시장(연간 1조 5천억 원)을 위협하고 있다. 사실 이 같은 스마트폰의 서비스들이 위협적인 이유는 무료라는 것 때문만은 아니다. 이들 서비스는 크로스 플랫폼이 지원되기 때문에 어떤

그림 12-04
아이폰4의 화상 통화

단말기든 사용할 수 있을 뿐 아니라 전화번호와 무관하게 아이디를 기반으로 사용되므로 편리하다.

과연 이동통신사는 스카이프, 페이스 타임의 위협에 어떤 해법을 내놓을까. 무조건 3G의 영향력을 활용해 이들 서비스를 막는 수세적 방어만이 능사가 아닐 것이다. 그렇다고 이들 서비스에 속수무책으로 당하면서 통화 시장을 내놓을 수만도 없다. 혁신적인 커뮤니케이션 서비스가 봇물처럼 쏟아지고 있으며, 기존의 이동통신사가 제공하던 서비스에 비해서 저렴하고, 더 편리하며, 막강한 기능을 제공하고 있다. 최고의 방어는 공격인 것처럼 이동통신사는 이러한 변화에 기존의 기득권을 이용해 더 강력하고 혁신적인 서비스를 제공해야 할 것이다.

사실 무엇보다 이동통신사 입장에서 우려해야 하는 것은 애플의 페이스 타임이나 구글의 구글 보이스의 API가 오픈되는 것이다. 만일 애플, 구글이 보이스에 관련한 API를 A-GPS처럼 오픈하면 이동통신사의 설 자리는 더더욱 없어질 수 있다. 물론 그로 인해서 다양한 통화와 관련된 서비스들이 봇물처럼 쏟아지겠지만, 이동통신사는 이로 인해 기존 텃밭을 잃을 우려가 있다. 연간 20조가 훌쩍 넘는 음성 통화 시장을 빼앗길 수 있다. 물론 반대로 데이터 통신료 기반의 시장이 커지겠지만 전통적으로 통신사가 주도권을 가지고 있던 통화 시장에서의 존재감이 사라지게 되면 통신사는 말 그대로 초고속 인터넷처럼 데이터 망만 제공하는 회사로 전락하게 된다.

물론 PC통신 시절 다이얼업 모뎀 기반의 통화료(종량제)를 받던 통신사가 WWW에서 초고속 인터넷 기반의 데이터 통신비(정액제)로 비즈니스 모델을 바꾼 것처럼 스마트폰 시대에 무선 인터넷만에 집중한 망의 제공에만 주력하며 저원가우위전략을 추구하는 것도 방법일 수 있다. 시간이 흐르면서 모호한 정책을 고수하기보다는 고정관념에서 벗어나 시장의 변화를 주도하는 공격적인 혁신 전략을 추구해야 위기를 탈출할 수 있을 것이다.

모바일 커머스를 촉발하는 레드레이저

레드레이저라는 어플은 2010년 6월 이베이에 인수되어 무료로 서비스되고 있다. 이 어플을 이용해 상품에 표기된 바코드를 보면 해당 상품에 대한 상세한 정보와 가격 비교가 나타난다. 물건을 구매하기 전에 이 어플로 상품에 대한 정보 외에 최저가를 검색해 구매하는 것이 가능하다. 오프라인은 눈요기로 즐기고 실제 물건 구매는 값싼 온라인으로 사도록 만들어 준다.

40인치가 넘는 화면으로 쇼핑 호스트가 소개하는 다양한 제품 소개와 함께 즐기던 홈쇼핑, 20인치에서 꼼꼼하게 가격을 비교해 가며 구매하는 인터넷 쇼핑, 오프라인에서 입어 보고, 맛보고 쇼핑을 즐기던 백화점과 마트에서의 쇼핑에 익숙한 우리에게 모바일커머스는 불편하기만 하다. 작은 3인치 화면에서 어떻게 물건에 대한 상세한 정보를 보고, 검색할 수 있겠는가. 바로 옆에 있는 컴퓨터와 TV를 놔두고 왜 작은 화면에서 물건을 구매하겠는가. 모바일 커머스는 아무리 생각해도 사용자들에게 그 어떤 편리함과 유용함을 제공하지 못한다고 생각했다.

그런데 레드레이저와 같은 어플을 사용하면서 이러한 고정관념은 사라졌다. 모바일 커머스는 기존의 홈쇼핑, 인터넷 쇼핑과 달리 오프라인과 밀접하게 연관되면서 발전할 것으로 예상된다. 홈쇼핑,

INSIGHT _ 애플의 영상 통화

애플이 페이스 타임으로 영상 통화 시장에 본격 진출했다. 이 서비스는 이미 한국에서 3년 전에 KT를 통해 화상 통화라는 이름으로 서비스 되었다. 하지만 한국의 화상 통화는 실패했다.
KT의 화상 통화는 10초당 30원이 부과된다. 게다가 화질이 좋지 않고 사용법도 불편하다. 하지만 페이스 타임은 아이폰4 사용자 간에 무료 사용이 가능한데다가 화질이 무척 뛰어나다. 그리고 페이스 타임이 향후 스카이프 등과 연동되면 다른 스마트폰 사용자와도 영상 통화가 가능하다.

또한 페이스 타임의 API를 호출해서 사용하는 다양한 어플들이 늘어나게 되면 통신사가 서비스하던 화상 통화보다 훨씬 뛰어난 서비스가 제공될 수 있을 것이다.

인터넷 쇼핑의 최대 단점은 만져 보고, 맛보고, 느껴 보지 못한다는 점이다. 순수하게 온라인으로만 가상의 쇼핑을 할 수 있을 뿐이다. 하지만 모바일 커머스는 실제 오프라인에서 모든 것을 체험한 이후 실제 물건 구매만 모바일로 할 수 있다. 그것도 가장 저렴한 가격의 제품을 비교해서 구매할 수 있다. 이것이 모바일 커머스가 주는 미래이다.

QR 코드 058
http://goo.gl/KJLz
레드레이저 동영상

모바일 커머스의 미래를 엿보게 해주는 대표적 사례로 그루폰(Groupon)이 있다. 지역 기반의 소셜 쇼핑 서비스라 불리는 그루폰은 PC통신 동호회에서 공동구매를 했던 것처럼 근처 매장에서 진열된 물건을 모바일, WWW를 이용해서 공동구매로 참여해 일정 사용자가 확보되면 저렴한 가격으로 물건을 구매할 수 있다.

QR 코드 059
http://goo.gl/9xCY
그루폰의 소개

13

모바일 비즈니스의 현황과 전망

모바일 비즈니스는 크게 앱스토어, 콘텐츠 유통, 모바일 커머스 그리고 광고 등으로 나눌 수 있다. 이것들은 이미 WWW에서도 존재하던 것이다. 하지만 모바일에서의 비즈니스 모델은 WWW와는 차별화 포인트를 가지고 다른 시장을 형성할 것으로 기대된다. 즉, 모바일 비즈니스는 웹의 비즈니스 모델을 잠식하는 것이 아니라 새로운 시장을 만들고 있다.

2천억의 모바일 광고 시장

연간 7~8조나 되는 한국의 광고 시장에서 온라인이 차지하는 비중은 약 25퍼센트 정도이다. 이 비중이 매년 성장하고 있지만 30퍼센트를 훌쩍 넘어 더 크게 성장하기에는 한계가 있다. 모바일 광고 시장은 초기 웹의 광고 비중이 성장하던 것처럼 크게 도약하고 있다.

앞으로 모바일 광고는 얼마만큼 성장하고, 어떤 매체의 광고 비중을 잠식하게 될 것인가.

피처폰 시장의 비즈니스 규모

피처폰 시장에서의 모바일 광고는 모바일 인터넷 사용자가 적어 활성화되지 못했다. 게다가 이동통신사 자회사들이 이동통신사들의 가입자 정보를 기반으로 SMS를 이용한 푸시 광고로 운영했는데 이러한 광고 시장이 연간 약 2,000억 원 정도이다. 하지만 사용자들이 SMS 광고에 대한 거부감이 컸고 휴대폰이 전화 통화만을 위한 기기로 인식되다 보니 휴대폰 화면을 보는 시간이 적을 수밖에 없고, 휴대폰 화면을 보는 것은 현재의 시간을 확인하거나 전화와 메시지가 왔을 때 뿐이었다.

실제 피처폰 시대에 한 달에 한 번이라도 WAP, 위피 등을 이용해 무선 인터넷에 연결하는 사용자는 약 500만 명이 안되는 것으로 추정된다. 이 숫자는 전체 5,000만 명의 휴대폰 가입자 중 10퍼센트에 불과한 것이다. 게다가 500만 명 대부분이 휴대폰에 있는 네이트 버튼을 잘못 눌러서 혹은 벨소리, 컬러링 등을 바꾸기 위해 들어오는 사용자들이다. 실제 무선 인터넷을 이용하는 사람의 숫자가 무척 적었다.

그럼에도 불구하고 모바일 광고에 대한 다양한 시도는 있었다. SMS를 이용한 광고 외에도 무선 왑 포털인 네이트의 작은 배너 광고와 사용자의 현재 위치를 기반으로 특정 사용자를 대상으로 쿠폰 등을 발급하는 MMS 이벤트 광고 등이었다. 하지만 광고 효과가 미비하고 광고에 대한 사용자들의 반감이 커서 크게 활성화되지 못했다.

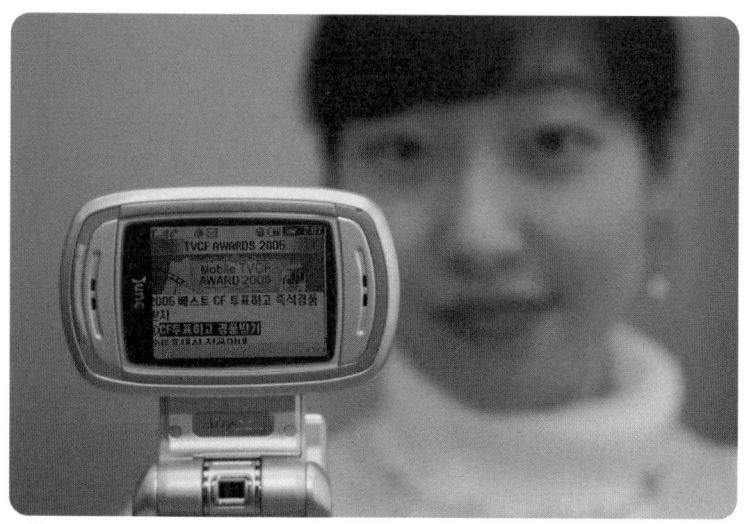

그림 13-01
광고 효과가 미비한 휴대폰 광고

스마트폰의 광고 시장 규모

스마트폰의 광고는 무한한 가능성을 가지고 있다. 우선 피처폰과 달리 스마트폰 사용자들은 휴대폰 화면을 자주, 오래, 많이 쳐다보기 때문이다. 2010년 6월을 기준으로 한국에서 하루 한 번 이상 모바일 웹을 연결하는 사용자는 약 100만 명 이상으로 추정된다. 스마트폰 시장 점유율이 5퍼센트가 채 되지 않는 상황에서 하루 사용자가 100만 명이면 꽤 큰 수치이다. 또한 웹이 아닌 어플을 실행하는 사용자는 이보다 훨씬 많기 때문에 적어도 스마트폰 사용자들은 하루 50퍼센

QR 코드 060
http://goo.gl/f521
2009년 모바일 광고
시장 분석

트 이상이 모바일 인터넷을 연결한다는 것이다. 스마트폰 사용자의 80퍼센트 이상이 한 달에 한 번 이상 모바일 인터넷을 연결한다는 의미이기 때문에 피처폰에 비하면 무척 큰 비중이라 할 수 있다. 앞으로 스마트폰 시장 점유율이 2010년 10퍼센트, 2011년 25퍼센트로 성장하면서 스마트폰을 이용한 모바일 인터넷 사용량 역시 빠른 속도로 증가할 것이다. 그것은 곧 모바일 광고의 가능성이나 기회도 크다는 것을 말해준다.

웹은 PC를 기반으로 불특정 다수에게 서비스를 제공한다. 그렇기 때문에 웹에서는 서비스를 사용하는 사용자가 누구인지, 어떤 상태인지 명확하게 파악하기가 어렵다. 검색 서비스를 사용하기 위해 로그인을 할 필요가 없고, 한다 해도 사용자의 프로필 정보가 정확하지 않기 때문에 정확한 타깃팅이 불가능하다. 하지만 모바일은 이미 휴대폰을 개통하는 순간부터 휴대폰 번호와 함께 로그인 되어 있고 365일 24시간 내내 인터넷에 연결되어 있다. 스마트폰에 내장된 GPS 등의 센서로 사용자가 어디에 있는지도 알 수 있어 사용자의 컨텍스트를 파악하기 쉽다. 이러한 정보를 기반으로 과거 웹에서는 제대로 구현하기 어려웠던 보다 스마트한 광고를 집행할 수 있다.

스마트폰에서의 광고는 지역 광고와 컨텍스트 광고가 크게 주목받을 것으로 전망된다. 이미 한국의 지역 광고 시장은 생활정보지나 무가지 기반의 신문으로 형성되어 있다. 대표적인 생활정보지인 벼룩시장은 한 해 약 800억 원의 매출을 올리고 있다. 전국 생활정보지 시장의 매출 규모는 2,000~3,000억 원 정도로 추산된다. 그 외에 114 전화번호 안내 광고와 아파트에 배달되는 상가 안내 책자등의 매출까지 합하면 지역 광고만으로 수천억 원의 시장이 형성된다. 새로운 매장이 오픈될 때에 지하철 앞에서 나누어주는 전단지, 점포 오픈을 알리는 현수막과 이벤트 도우미, 나레이터 등도 모두 지역 광고의 일종이다. 하지만 이 지역 광고는 웹으로 오지 못했다. 웹에서는 지역 광고를 타깃팅해서 서비스하기 어렵기 때문이다. 그런 이유로 2009년 네이버의 지역 광고 매출은 약 250억 원 정도에 불과하다. 수천억 원의 광고 시장이 아직 온라인으로 오지 못한 것이다.

QR 코드 061
http://goo.gl/vRgC
3천억 규모의
생활정보지 시장

스마트폰은 GPS 기반으로 사용자의 위치를 확인할 수 있어 사용자가 실행한 지도 위에 지역 광고를 보여주기가 쉽다. 각종 맛집 검색과 지역 검색 서비스에 지역 광고를 연동할 수 있다. 물론 사용자에 대한 컨텍스트를 수집해 사용자가 좋아할 만한 광고를 타깃팅해서 제공하기 적당하다. 이것이 스마트폰에서의 모바일 광고 시장이 주는 가능성이다. 이러한 이유로 모바일 광고는 웹 광고 못지 않은 시장으로 크게 성장할 수 있을 것으로 기대된다.

해외의 모바일 광고 시장의 전망

시장 조사 기관 ABI Research에 따르면 2009년 모바일 광고 시장은 약 5억 달러이며, 향후 5년간 연평균 40퍼센트 이상씩 성장할 것으로 전망하고 있다. 또 다른 시장 조사 기관인 Frost & Sullivan은 2012년에 191억 달러까지 성장할 것으로 발표하고 있다. 많은 전문 기관들이 모바일 광고 시장의 빠른 성장을 전망하고 있으며, 이러한 전망은 스마트폰의 빠른 보급률과 구글과 애플의 모바일 광고에 대한 대응 전략 때문이다. 애플은 애플 OS 4.0에 모바일 광고 시스템 iAd를 발표하고, 구글은 AdMob을 인수해 모바일 디스플레이 광고와 모바일 검색 광고에 대한 적극적인 투자를 하고 있다.

웹과 마찬가지로 스마트폰에서 서비스되는 모바일 웹은 대체로 무료로 제공되고 있다. 다음, 네이버, 구글, 야후도 웹의 서비스를 모바일 웹에도 무료로 제공하고 있다. 이러한 서비스가 지속적으로 운영되기 위해서는 수익모델이 필요하며 그것은 웹과 마찬가지로 광고이다. 어플의 경우에는 무료로 서비스되는 것들이 전체 스마트폰 어플 중에 50퍼센트 정도이다. 이들이 무료로 운영되기 위해서는 역시나 수익모델이 필요하며 그것은 대부분 광고이다.

광고를 원활하게 제공하기 위해 필요한 것이 광고 시스템이다. 웹에서는 광고 시스템을 오버추어와 같은 미디어랩이 운영하고 있다. 구글은 애드센스와 같은 시스템을 만들어 작은 웹 서비스 사업자들도 쉽게 광고를 운영할 수 있도록 제공하고 있다. 이와 같은 시스템이 모바일에서도 필요하다. 그러한 시스템을 애플의 아이폰과 구글의 안드로이드가 2010년 초부터 본격적으로 준비했다.

구글은 모바일 광고 회사 AdMob를 7억 5,000만 달러에 인수했으며, 애플은 쿼트로 와이어리스를 2억 7,500만 달러에 인수다. 이것은 모바일 광고 활성화를 위한 투자인 것이다. 다음, 네이버, 야후 등도 독자적인 모바일 광고 시스템에 대한 고민을 하지 않

QR 코드 062
http://goo.gl/sfvm
미국의 모바일 광고 시장 전망

을 수 없다. 외국의 모바일 시장은 이러한 모바일 광고 중계 시스템에 대한 준비가 시작되었고 2011년부터 본격적으로 개막될 것이다. 한국 역시 2011년에는 스마트폰 사용자가 1,000만 명 정도에 달할 것으로 예상하고 있고 본격적인 모바일 광고 시대가 열릴 것으로 기대한다.

수조 원의 시장이 될 스마트폰 시장

스마트폰 산업은 이미 스마트폰 판매 자체만으로도 연간 수십조의 시장이다. 애플은 아이폰만으로 연간 20조가 넘는 매출을 달성하고 있다. 이는 애플 전체 매출의 약 40퍼센트 정도이다. 연간 10억 대 이상의 휴대폰이 팔리고 있는데 이 중 스마트폰이 차지하는 비중이 점차 커지면서 단말기 판매만으로 수십조의 시장이 형성된 것이다. 하지만 스마트폰 비즈니스의 가장 큰 부가가치는 단말기의 판매가 아닌 다른 것에서 나온다. 그 부가가치의 비즈니스 모델의 규모에 대해 알아보자.

앱스토어 시장의 규모와 전망

앱스토어의 성장에 대해 많은 전문가들이 다양한 의견을 내고 있다. 한쪽은 PC의 소프트웨어와 달리 스마트폰에서의 앱은 지속적으로 성장하며 어플 판매 규모가 더욱 커질 것으로 예상하고 있다. GetJar이라는 무선 어플리케이션 정보 사이트에서도 앱스토어는 매년 성장해 2012년 전체 시장 규모가 약 20조에 육박할 것으로 내다보고 있다. 사용자들이 지속적으로 스마트폰에서 어플을 구매하리라 예상하는 것이다. 앱스토어는 철저한 적자생존의 원리가 적용되며 이동통신사, 제조사가 만든 앱스토어가 승자독식 구조로 갈 것으로 예상하고 있다. 어플 판매 또한 잘 팔리는 핵심 어플 몇 개가 전체 매출의 대부분을 차지하는 구조가 될 것으로 예상하고 있다.

QR 코드 063
http://goo.gl/FR6d
2억 대를 돌파한 삼성 휴대폰과 스마트폰의 과제

다른 한쪽은 앱스토어에 대한 전망을 회의적으로 보고 있다. 가장 많은 매출을 거두고 있는 애플 앱스토어의 2009년 4분기 매출은 156억 원 정도 밖에 되지 않는다. 애플이나 구글 모두 앱스토어를 통해 어플 판매의 수익을 기대하는 것이 아니라 애플은 아이폰의 판매, 구글은 구글 모바일 서비스의 지배력 강화가 목적이라는 것이다. 그러한 목적 달성을 위해서는 아이폰이나 안드로이드폰에서 쓸만한 서비스가 많이 나와야 하고 그렇게 하기 위해서는 앱스토어에 어플이 많이 등록되어야 한다. 앱스토어에서의 어플 거래, 판매를 통한 수익에 대한 기대보다는 어플이 많아져서 아이폰과 안드로이드폰이 플랫폼으로써 저변이 확대되기를 바라는 것이다. 어플 판매를 통한 의미있는 수익은 앞으로 적어질 것이라 예상하지만 모바일 광고 시스템에 대한 투자를 통해서 개발자들에게 어플을 통한 광고 수익에 기대를 가지게 하는 것이다.

QR 코드 064
2012년 앱스토어 전망

두 가지 의견 중 어떤 것이 더 맞을지는 1~2년 정도 후에 시장이 더 성숙해져야 알 수 있을 것이다. 필자의 의견은 후자인데 그 이유는 사용자들이 스마트

QR 코드 065
http://goo.gl/TttM
앱스토어의 한계

폰에서 어플 구매는 둘째치고 앱스토어에서 여러 어플들을 설치하는 것에 대한 스트레스를 받는다는 것 때문이다. 스마트폰의 저변이 확대될수록 사용자들은 핵심적인 3~4개의 어플만 사용하게 될 것이다. 대부분의 모바일 서비스는 모바일 웹으로도 충분히 사용이 가능하다. 어플 설치가 아무리 쉽더라도 매월 새로운 어플을 검색해서 설치할 만큼 일반 사용자들의 호기심은 크지 않다. 결국 앱스토어 비즈니스 모델은 시장 초기 얼리어답터의 호응과 플랫폼 확대를 위한 플랫폼 사업자들의 마케팅에 의해 형성된 것일 뿐이다. 하지만 게임 어플의 경우는 PC용 게임처럼 어플 판매를 통한 시장이 지속적으로 형성될 것이다.

모바일 커머스 시장에 대한 기대

모바일 비즈니스 모델 중 성장 전망이 높은 것 중 하나가 커머스이다. 온라인에서 발생하는 전자상거래는 연간 약 20조 원에 육박한다. 그중에서 옥션과 G마켓을 통해 발생하는 거래만 연간 7조 원이다. 한국의 온·오프라인을 합한 모든 상거래 시장의 규모가 120조 정도로 상거래는 광고 시장보다 훨씬 크다. 재래시장과 백화점, 마트 그리고 홈쇼핑과 인터넷 쇼핑몰, 오픈마켓에 이어서 모바일 커머스 역시 새로운 전자상거래 수단으로 각광을 받으며 점차 성장할 것으로 기대된다.

모바일 커머스에 대한 기대는 모바일이 주는 즉시성과 지역성 그리고 편의성 때문이다. 스마트폰은 PC보다 훨씬 접근성이 뛰어나며

PC에 없는 개인정보가 기록되어 있다. 또한 모바일 결제 등의 수단을 통해 쉽고 빠르게 결제가 가능하다. PC 앞에 앉아서 마음 먹고 쇼핑을 하는 것과 달리 스마트폰은 언제든 즉시 상품을 검색해서 물건을 구매할 수 있다. 오프라인에서 쇼핑을 즐기다가 좀 더 저렴한 가격의 상품을 찾아 모바일로 주문하는 것도 모바일 커머스가 주는 즉시성이다.

특히 모바일 커머스는 기존의 쇼핑 행태와 달리 컨버전스 방식으로 진화될 것이다. 마트에서 쇼핑을 하다가 스마트폰으로 가격을 비교하듯이 TV 홈쇼핑을 보다가 물건에 대한 결제와 구매는 스마트폰으로 진행하는 것과 같은 컨버전스 쇼핑을 가능하게 해줄 것이다. TV와 PC는 사용자에 대한 개인정보를 담기 어려운데다가 보안의 문제가 크지만, 스마트폰은 항상 사용자가 들고 다니는 신용카드, 지갑과 같기 때문에 결제를 보조하면서 다른 커머스 플랫폼과 연계해서 동작될 것이다. 특히 QR 코드와 바코드 등의 기술적 도구와 함께 모바일 커머스가 상품의 구매 결정에 큰 역할을 차지할 것이다.

모바일 쿠폰 시장의 가능성

모바일 쿠폰 시장은 오래도록 관심과 기대를 받은 분야이다. 일본에는 QR 코드와 함께 모바일 쿠폰 시장이 활성화되었지만 한국에서는 사용량이 저조하다. 기존 피처폰에서 쿠폰을 접근하는 경로가 복잡할 뿐만 아니라 MMS 혹은 WAP을 통해 받은 쿠폰을 매장에서 쉽고 빠르게 찾아서 사용하는 것이 어렵다. 물론 폰으로 받을 수 있는 쿠폰의 접근 경로도 많지 않았기 때문에 쿠폰의 사용이 제한적이었

QR 코드 066
http://goo.gl/TbYm
모바일 쿠폰 시장의 전망

다. 스마트폰의 보급과 함께 쿠폰의 생성과 유통 그리고 사용이 혁신적으로 개선되고 있다. QR 코드 등을 통해서 쿠폰을 생성하고, 이렇게 생성된 쿠폰을 스마트폰에 쉽게 보관해서 이용할 수 있어 쿠폰 사용의 진입 장벽이 해소되고 있다.

구글 역시 이 같은 쿠폰 시장에 대한 비즈니스의 기회를 포착해 서비스하고 있다. 구글은 구글 지도에 쿠폰을 엮어서 사용자들이 구글 지역 검색을 할 때 쿠폰을 노출할 수 있도록 하고 있다. 매장 주인들은 홈페이지가 없어도 구글의 지역 광고 페이지에 쿠폰을 넣을 수 있다. 사용자들은 주변의 지역 검색 시에 쿠폰을 발급한 특정 가게만을 볼 수 있어 사용자들에게 매장을 찾을 수 있도록 유도할 수 있다. 기존의 쿠폰은 발급이 까다롭고 유통도 쉽지 않은데 구글의 지역 검색에 통합된 쿠폰은 매장 주인들이 발급하고 구글 검색을 통해 사용자들에게 쉽게 검색될 수 있도록 해 주었다.

QR 코드 067
http://goo.gl/COFP
구글 지도의 새로운 서비스, 무료 쿠폰

쿠폰과는 다른 형태지만 SKT와 KT는 기프티콘 방식으로 모바일 상품권을 서비스하고 있다. 이들 서비스는 스타벅스 커피나 파리바게뜨의 빵, 피자헛 등 다양한 상품을 골라 친구나 지인에게 선물할 수 있도록 했다. 스마트폰에서 결제해서 상대에게 각종 상품권을 보낼 수 있고 이렇게 전송된 상품권은 매장에서 폰에 저장된 상품권을 보여주고 이용할 수 있다. 이처럼 모바일에 특화된 쿠폰과 상품권 등이 모바일 커머스 시장을 활성화하는데 큰 역할을 할 것으로 기대된다.

QR 코드 068
http://goo.gl/OfQj
SKT의 기프티콘

14

혁신적인
모바일 테크놀로지와
서비스

모바일 비즈니스와 서비스의 성장에는 기술이 뒷받침되어야 한다. 모바일 기술은 빠른 속도로 진화하고 있다. 특히 검색은 모바일에서도 큰 비즈니스 모델이 될 것으로 예상되며, 모바일 검색 기술의 발전도 빠르게 진화하고 있다.

스마트폰으로 바라본 세상

스마트폰에는 카메라와 마이크가 내장되어 있다. 마이크와 카메라를 통해 입력된 데이터는 PC에서 키보드와 마우스로 입력하는 정보와는 다르다. 음성과 객체를 기반으로 PC보다 훨씬 빠르고 편리하게 정보를 입력할 수 있다. 스마트폰이라는 안경과 귀로 정보를 입력할 수 있다.

음성과 객체 인식 기반의 모바일 검색

약 70퍼센트 이상의 사람들이 네이버 검색을 통해 원하는 정보를 찾는다. 그렇다면 과거 웹에서의 시장 지배력이 모바일 검색에서도 이어질 것인지와 모바일 검색은 웹과는 기술적, 사용적 특성이 어떻게 달라질지를 알아보자.

QR 코드 069
http://goo.gl/0210
구글의 음성 검색 서비스 동영상

검색은 크게 두 가지로 구분할 수 있다. 원하는 정보를 찾기 위해 검색 엔진에 원하는 것을 입력하는 것과 엔진에서 필터링한 데이터를 추려서 출력하는 것이다. 웹에서는 주로 키워드 위주로 검색어를 입력해서 원하는 정보를 찾는다. 하지만 모바일에서는 다양한 입력 수단(마이크, 카메라, 제스처 등) 덕분에 여러 방식으로 원하는 정보를 입력할 수 있다. 오히려 웹에서

그림 14-01
촬영하면 사물을 인식해 검색해 주는 구글 고글즈

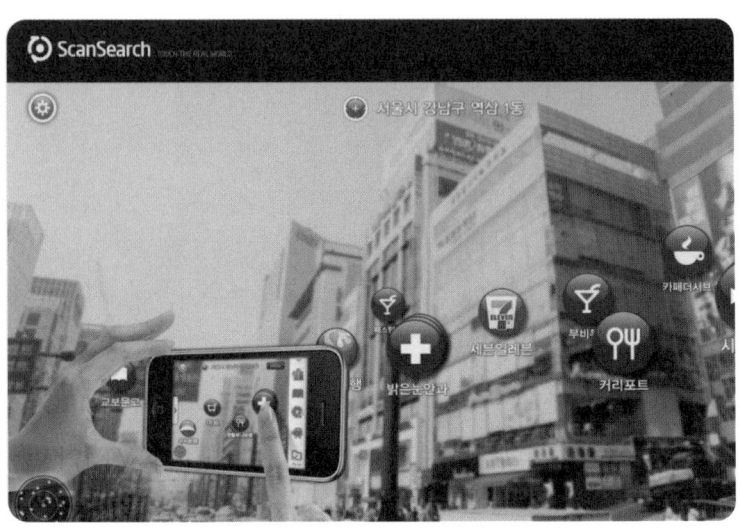

그림 14-02
근처 반경을 중심으로 장소를 검색해 주는 스캔 서치

체험할 수 없었던 스마트한 검색이 가능하다. 그런 면에서 음성, 바코드, 오브젝트, 제스처, 인물 등 다양한 인식에 기반한 검색을 수행할 수 있다.

원하는 정보를 찾는데 있어 무슨 검색어를 사용해야 하는지, 검색 엔진에 어떤 단어를 입력해야 하는지 모바일에서는 고민할 필요가 없다. 눈앞에 있는 꽃이 무슨 꽃인지 궁금하면 카메라로 촬영해서 검색할 수 있고, 책 가격이 궁금하면 책의 표지를 촬영하면 된다. 주변 맛집이나 호텔이 궁금하면 근거리 장소 검색을 손쉽게 이용할 수 있다. 그저 지도를 실행하고 근처 맛집만 누르면 된다. 기존 웹 검색과는 다른 사용자 패턴이다. 즉, 기존 웹 검색의 지배력이 모바일에서는 새로운 체험으로 인하여 달라질 수 있다.

검색한 결과물 역시 웹과는 다르게 출력되어야 한다. 19인치가 넘는 화면과 작은 4인치 화면에서 보이는 것이 똑같을 리 없다. 게다가 마우스를 이용해 광활한 스크린에서 수십 개의 검색 결과물 중 원하는 것을 쉽게 솎아내는 것과 기껏 몇 개씩 출력되는 작은 화면에서 원하는 것을 찾아내는 것이 같을 리 없다. 모바일에서의 검색 결과는 좀 더 개인화되어야 한다. 폰은 PC보다 더 개인화의 첨병 역할을 수행한다. 게다가 PC에는 기록되지 못하는 것들이 폰에는 기록된다. 항상 24시간 사용자와 함께 하기 때문에 일거수일투족이 폰에 기록된다. 이러한 정보를 기반으로 좀 더 개인화된 검색을 할 수 있다. 사용자의 컨텍스트를 읽을 수 있기 때문에 그에 맞는 정보를 제공할 수 있다. 결국 검색 결과물이 사용자마다 서로 달라야 한다.

이런 두 가지 점에서 모바일 검색은 웹과는 다르다. 이러한 점에 주목해 모바일 검색을 준비하는 자만이 모바일 검색의 패권을 잡을 수 있을 것이다. 물론 기존 웹 검색의 강자들이 이러한 상황을 모를

INSIGHT _ 음성 인식 기술의 핵심

음성이나 객체 인식 기술의 핵심은 인식 기술 자체가 아닌 데이터 마이닝이다. 이러한 기술의 동작 원리는 마이크를 통해 입력된 음성을, 카메라를 통해 촬영된 사진을 압축해서 웹의 서버로 전송한다. 서버에서는 전송받은 데이터와 자체 서버에 인덱싱(데이터 분류)한 데이터를 비교 분석해서 가장 일치하는 것을 선별하게 된다. 이 기술의 핵심은 미리 방대한 데이터를 어떻게 인덱싱하고 입력받은 데이터와 빠른 시간 내에 비교 분석하느냐이다. 음성 인식은 한국인들이 스마트폰에 자주 입력하는 음성 데이터를 미리 선별해서 인덱싱을 해두는 것이 중요하다. 그리고 최대한 빠른 시간 내에 이 데이터와 입력받은 데이터를 비교해서 검색 결과물로 출력해주는 것이 그 다음으로 중요하다. 아무리 세계적인 검색 엔진 기술력을 가진 구글이라고 해도 자주 입력하는 음성 데이터를 인덱싱해두지 않으면 음성 인식률이 떨어질 수밖에 없다.

리 없지만, 전형적인 웹에서의 캐시카우(핵심 수입 창출원)와 자기 잠식에 대한 두려움 때문에 얼마만큼 위기의식을 가지고 모바일 검색을 준비할 수 있을지는 의문이다. 그 의문 덕분에 벤처들에게 새로운 희망과 기회가 주어지는 것이다.

얼굴 인식과 증강현실

스마트폰에 장착된 카메라와 마이크 등의 각종 센서는 IT 최신 기술과 만나면서 SF 영화 속에서나 보던 것을 가능하게 해줄 수 있다. 샤잠이란 아이폰 어플을 이용하면 커피숍에서 들려오는 음악이 무엇인지 검색할 수 있으며, 구글 앱스를 이용하면 음성을 인식해 쉽고 빠르게 검색어를 아이폰, 안드로이드폰에 입력할 수 있다. 쿠루쿠루라는 아이폰 어플을 이용하면 1D 바코드, QR 코드를 읽어서 해당 바코드에 기록된 정보와 데이터를 매핑해서 그에 맞는 정보를 출력해준다. 앞서 살펴본 스마트폰의 GPS와 네트워크를 활용한 위치 정보 기술은 FriFi 혹은 애플의 모바일미의 Find My iPhone을 이용하면 아이폰의 정확한 위치를 확인할 수 있다.

멀지 않은 미래에는 얼굴 인식과 증강현실을 결합한 Recognizr와 같은 기능도 구현이 될 것이다. 스마트폰을 통해 세상을 바라보면 거리의 건물과 사물 그리고 사람의 얼굴을 인식해 인터넷상에서 자동으로 취합한 정보가 보여지게 될 것이다. 이미 구글의 피카사, 애플의 iPhoto 등에서 구현된 얼굴 인식 기능은 그 정확도가 상당히 뛰어나다.

증강현실 기술을 이용하면 스마트폰 카메라를 통해 바라본 현실

그림 14-03
포털에서 진행한 QR 코드 이벤트

에 인터넷상의 디지털 데이터를 접목시킬 수 있다. 대표적인 증강현실을 이용한 서비스들로 길 찾기와 지역 정보가 있다. SKT의 오브제 어플을 이용해 강남역 한복판에서 거리를 보면 근처에 있는 상가들의 정보가 오브제에서 호출한 카메라와 겹쳐져서 보여진다. 가구 회사의 증강현실 어플을 이용하면 선택한 소파를 거실에 겹쳐서 보여지게 할 수 있다. 가구를 구입하지 않고도 거실과 어울리는지 확인해 볼 수 있다.

모바일의 IT 기술은 빠른 속도로 발전하고 있다. 이러한 기술의 진화 속에 새로운 비즈니스, 서비스의 기회가 올 것이다. 그에 못지않게 사회학자들과 시민단체 등에서는 모바일 기술이 줄 수 있는 사회적 문제와 개인 사생활 보호에 대한 균형있는 비판과 대안을 제시할 수 있어야 한다.

QR 코드 070
http://goo.gl/Cy84
가구 회사의 증강현
실 기반의 서비스

QR 코드로 보는 세상

일본에 가면 레스토랑, TV, 건물, 잡지 어디에서든 QR 코드를 만날 수 있다. 또 일본 내의 어떤 휴대폰에서도 QR 코드를 볼 수 있다. 특정 휴대폰에서만 사용할 수 있는 것이 아니라 일본에서 QR 코드는 일상화되었다. 육안으로는 알 수 없지만 QR 코드를 휴대폰 카메라로 들여다보면 생각하지도 못했던 디지털 정보와 만나게 된다. 건물 벽에 인쇄된 QR 코드를 휴대폰으로 들여다보면 건물에 입주한 입주 업체의 정보와 임대 정보가 보여진다. 레스토랑 메뉴판에 인쇄된 QR 코드에는 요리에 대한 상세한 정보와 요리 사진이 보여진다.

한국도 이미 오래 전 QR 코드와 유사한 서비스로 SKT의 네이트

그림 14-04
여러 인쇄물에 포함된 QR 코드

코드, KT의 핫 코드, LGT의 이지 코드가 있었다. 하지만 이동통신 3사가 서로 이 코드를 표준화해서 사용하지 않고 저마다 독자적으로 제공하다 보니 SKT 휴대폰으로는 KT의 코드를 볼 수 없어 사용자에게 혼란만 가중시켰다. 또한 지원되는 휴대폰도 적어 대중화되지 못했다. 최근에 스마트폰의 보급이 늘어가면서 QR 코드에 대한 가치가 재고되고 있다.

QR코드 071
QR 코드의
유용함과 기회

스마트폰에 QR 코드 인식기 어플을 이용하면 세계적으로 표준화된 QR 코드를 볼 수 있다. 통신사마다 서로 달라 어떤 휴대폰으로 봐야하는지 혼란스러워할 필요도 없다. 사각형으로 된 코드를 스마트폰의 코드 인식 어플로 비추면 코드에 기록된 정보를 읽을 수 있다. QR 코드의 가치는 무궁무진하다. 아이폰의 보급이 늘면서 한국에도 점차 QR 코드가 여러 곳에서 보이고 있다. 최근에는 광고에도 활용되기 시작했다. 신문이나 잡지에 수록된 광고만으로는 광고주가 전달하고자 하는 메시지가 약할 수밖에 없다. 이때 QR 코드가 추가적인 정보를 전달하는 수단으로 활용될 수 있다.

앞으로 QR 코드는 문화로 자리를 잡아갈 것으로 기대된다. 얼마 전 QR 코드에 대한 재미있는 시도가 있었는데 커피머신에 안드로이드폰을 꽂은 후 QR 코드가 새겨진 프림을 넣으면 커피가 내려지면서 커피향과 어울리는 음악이 안드로이드폰을 통해서 재생된다.

QR 코드 072
http://goo.gl/W2mc
일본의 묘지에
들어간 QR 코드
동영상

일본의 한 묘지에도 QR 코드가 사용되었다. 묘지에

표기된 QR 코드를 휴대폰으로 보면 망자의 생전 사진들을 볼 수 있다. QR 코드는 디지털과 아날로그를 만나게 해주는 다리와 같은 역할을 하고 있다.

Page에서 People의 시대로, 그리고 Point

기술의 변화는 초기 마이크로 트렌드를 몰고 온다. 마이크로 트렌드는 기술 선봉자들, 얼리어답터와 파워 유저들만 대상으로 하는 작은 찻잔 속의 태풍이다. 마이크로 트렌드가 매크로 트렌드로 커지기 위해서는 일반 사용자들의 참여가 필수적이다. 한국의 경우는 약 100만 명이 사용하는 서비스, 플랫폼은 마이크로 트렌드이다. 이것이 500만 명까지 확산되어야 매크로 트렌드가 된다. 1,000만 명 이상, 오래도록 지속되려면 문화가 되어야 한다. 문화가 되어야만 패러다임이 변화한다. 모바일이 문화를 바꿀 만한 패러다임의 변화를 몰고 오고 있다.

Page 중심의 시대

제품이나 서비스가 세상에 주목을 받고 대세가 되기 위해서는 삶과 사회의 흐름에 커다란 영향을 줄 수 있어야 한다. 구글이나 트위터가 대세가 된 까닭은 세상에 커다란 변화를 야기했기 때문이고, 그렇게 변화를 야기할 수 있었던 이유는 변화의 흐름을 잘 읽었기 때문이다. 사회가 어떻게 변화되고 있는지를 읽고 그에 맞는 촉매제를 제대로 제공했기 때문에 대세가 된 것이다.

과거 야후의 디렉토리 서비스나 네이버와 같은 검색 엔진의 강점은 이슈를 잘 발굴해 내는 것이었다. 뭔가 찾기 위해 애써 검색어를 입력하지 않아도 주목받는 이슈들을 옐로우 페이지와 실시간 이슈 검색어를 통해 바로 볼 수 있다. 대중이 무엇에 관심을 가지고 있는지, 최근 뜨는 이슈가 무엇인지 한눈에 파악할 수 있다. 네이버의 지식인도 검색을 하지 않아도 질문을 하면 답변을 받을 수 있는 서비스이다.

구글의 페이지 랭크는 인터넷 웹 페이지 중에 링크가 많이 걸린 것들을 우선순위로 검색 결과물을 배열해준다. 구글은 사용자가 필요로 하는 정보가 담긴 웹 페이지를 페이지 랭크 알고리즘을 기반으로 정렬해서 보여준다. 구글이 관심을 가졌던 것은 시간을 초월해 축적된 수십억의 웹 페이지에서 사용자가 필요로 하는 것이다. 즉, 웹의 시대는 구글이 지배했고 그것은 페이지의 시대 곧 What의 시대였다.

People의 시대

또 세상이 바뀌고 있다. 구글이 추구한 페이지(What)의 시대에서 피플(Who)의 시대로 말이다. 새롭게 조망받고 있는 SNS는 사람을 중심으로 한 서비스이다. 구글의 페이지 랭크가 트위터의 피플 랭크로 변화하고 있다. 가장 링크를 많이 받은 페이지보다는 가장 팔로우를 많이 받은 피플이 중요한 시기이다. 무엇을 말하느냐보다 누가 말하느냐가 더 중요하다. 그것에 주목한 트위터가 새로운 패러다임을 만들고 있다.

팔로우를 많이 받은 사람이 What을 말하면 그 What이 이슈가

INSIGHT _ 기술이 캐즘을 극복하기 위한 조건

10년 전 SF 영화에서나 상상할 수 있던 것이 현실에서 보고, 만질 수 있게 되었다. 1998년 펜티엄 MMX와 윈도우 98 그리고 케이블 모뎀의 영향으로 WWW의 시대가 열리면서 새로운 세상을 가져다준 지 이제 10년이 지나고 있는데 모바일 테크놀로지가 또 다른 세상의 준비를 맞이하게 하고 있다.

최신 기술이 항상 성공하는 법은 아니다. 대표적 사례가 모토로라가 주도한 이리듐이다. 66대의 인공위성을 배치해 세계 어디에서나 휴대폰을 사용할 수 있도록 한 이 서비스는 1999년 파산했다. 국내에도 시티폰이 대표적인 실패 사례이다. 이처럼 대표적인 실패 기술들은 ZDNET의 기사(http://is.gd/cKdve)와 디지털 타임즈의 기사(http://goo.gl/jLzi)에서도 찾아볼 수 있다. 물론 시간이 흐른 후에야 성공의 결실을 맺는 기술들도 있으니 이들 기사에 소개된 사례가 모두 실패했다고 말할 순 없다. 중요한 것은 신기술이 혁신적인 것은 사실이지만, 이 모두가 성공하지는 않는다는 것이다.

기술의 격변기에 우리는 숲 속에 갇혀 숲을 보지 못하고 나무를 바라보게 된다. 그렇다 보니 장님 코끼리 만지듯이 각자 자의적 해석으로 기술의 변화가 가져다주는 변화를 제대로 이해하지 못할 수 있다. 그런 면에서 기술이 보편화되어 우리 삶과 사회에 녹아드는 패턴을 보는 인사이트가 중요하다. 『신기술 성공의 법칙』이라는 책을 보면 기술이 성공하기 위한 법칙으로 변화함수를 제시하고 있다.

본 책에서 말하는 내용을 인용하자면 다음과 같다.

기술의 수용은 전적으로 사용자, 소비자의 선택에 달려 있다. 얼리어답터가 아닌 대중이 기술을 선택하는 것은 "변화를 수용하지 않을 때 사용자가 느끼는 위기감"이 "변화를 수용할 때 사용자가 느끼게 될 고통"보다 클 때이다. 즉, 스마트폰을 구입하고서 느끼게 되는 조작법의 어려움으로 인한 고통보다 스마트폰이 없어서 발생하는 시대에 뒤떨어지는 위기감과 불편함이 크면 사용자는 스마트폰을 구입하지 않을 것이다. 하지만 그 반대일 경우에는 스마트폰을 구입하게 될 것이다.

그런 면에서 최근의 스마트폰 기술은 변화함수의 티핑 포인트를 넘어가는 과정으로 해석할 수 있다. 5년 전 만날 수 있었던 PDA폰과 UI가 달라진데다가 가격도 저렴해졌고, 무엇보다 주변의 분위기가 급속히 변해 5년 전의 변화함수에서 계산되던 사용자들의 기술 거부에 대한 위기감을 높이고, 기술 수용에 대한 고통을 낮추었다.

그렇다면 이 신기술이 성공하고 PC, WWW처럼 보급되기 위해서 무엇이 필요할까. 단지 변화함수에서 말하는 티핑 포인트만 넘으면 모든 것이 해결되는 것일까? 음식점에서 중요한 것은 그릇이나 인테리어가 아닌 요리의 맛이다. 맛있는 음식점은 눈보다 코와 입을 자극하기 마련이다. 기술 역시 변화의 시작을 이끌어낼 수는 있지만, 이 변화가 지속적으로 많은 대중에게 전파되어 우리 삶의 문화로 자리잡기 위해서는 궁극적으로 맛있는 음식 즉, 좋은 서비스와 콘텐츠가 필요하다.

스마트폰 성공의 법칙에는 똑똑한 하드웨어와 저렴한 네트워크, 편리한 소프트웨어 이후의 맛있는 서비스가 요구된다. 수많은 스마트폰의 홍수 속에 살아가는 요즘, 진정 중요한 것이 무엇인지 잊지 않도록 하자. 1990년대 초 하루가 멀다하고 쏟아져 나오는 컴퓨터 주변기기와 새로운 기술 이후 10년이 지난 후 PC, 인터넷에서 주목받는 것은 무엇인지를 돌이켜 생각해보자.

될 가능성이 크다. 물론 충분히 이슈가 될 만한 What이라면 Who에 관계없이 주목받을 수 있고, 허술한 What이라면 Who가 누굴지라도 주목받을 수 없을 것이다. 같은 이야기를 하더라도 누가 말하느냐에 따라 그 영향력은 달라진다. 외계인과 UFO의 존재를 믿는 마니아들이 아무리 외계인의 존재를 이야기해도 대중은 믿으려 하지 않는다. 하지만 스티브 호킹 박사가 외계인의 존재를 이야기하면 세계가 주목한다. 누가 말하느냐에 따라 같은 내용도 영향력이 달라지는 것이다.

점차 열리는 Point의 시대

시간이 좀 더 흐르면 어떤 패러다임이 지배하게 될까? What에서 Who로 그 다음은 무엇일까. 모바일 플랫폼의 대세와 함께 포인트(Location), 즉 Where의 시대가 아닐까. 많이 체크인을 받은 포인트가 주목받는 시기가 되는 것이다. 포인트를 중심으로 콘텐츠가 유통되거나 시작되는 그런 트렌드가 되지 않을까 싶다.

무엇을 누가 이야기하느냐보다 어디서 이야기하느냐가 중요한 시대가 되는 것이다. 이러한 기반의 서비스로 주목을 받는 곳이 포스퀘어와 고왈라와 같은 서비스들이다. 위치를 기반으로 위치에 대한 정보를 기록하는 서비스들이 Where의 시대와 함께 주목받고 있다.

물론 서비스들이 이렇게 나뉘는 것이 아니라 컨버전스로 통합되는 형태로 발전할 수도 있다. 즉, What과 Who 그리고 Where가 모두 하나로 묶여서 서비스되는 것이다. 사실 트위터가 이와 유사한 형태로 거듭나고 있다. 트위터는 위치 정보 기반의 서비스를 흡수하고 있어 이미 Who 기반의 트위터가 Where까지도 엮이는 구조로 발전하고 있다. 트위터를 통해서 유통되는 What이 트위터가 가진 SNS 속성 그리고 위치 기반 서비스(LBS)까지 통합되면서 컨버전스의 서비스로 통합되고 있다.

KI신서 2958
모바일 이노베이션

1판 1쇄 발행 2010년 10월 29일
1판 2쇄 발행 2011년 8월 23일

지은이 김지현 **펴낸이** 김영곤 **펴낸곳** (주)북이십일 21세기북스
출판콘텐츠사업부문장 정성진 **기획** 김정규 **편집** 오원실 **디자인** 씨디자인
마케팅·영업본부장 최창규 **마케팅** 김보미 김현유 강서영 **영업** 이경희 박민형
출판등록 2000년 5월 6일 제10-1965호
주소 (우413-756) 경기도 파주시 교하읍 문발리 파주출판단지 518-3
대표전화 031-955-2100 **팩스** 031-955-2122 **이메일** book21@book21.co.kr
홈페이지 www.book21.com **트위터** @21cbook **블로그** b.book21.com

ⓒ 2010 김지현

값 14,000원
ISBN 978-89-509-2712-7 13320

이 책 내용의 일부 또는 전부를 재사용하려면 반드시 (주)북이십일의 동의를 얻어야 합니다.
잘못 만들어진 책은 구입하신 서점에서 교환해 드립니다.